FICHES À CONCOURS®

Collection dirigée par Franck ATTELAN

Concours SESAME
40 FICHES
méthodes, savoir-faire et astuces

Testées et approuvées
par des milliers de candidats

9e ÉDITION

Franck ATTELAN
Essec Business School, Directeur du Groupe Aurlom

Nicholas CHICHEPORTICHE
Sciences Po Bordeaux, Université Paris IV Sorbonne, Professeur à la Prépa Aurlom

Françoise MONTERO
Formatrice spécialisée en épreuves de synthèse

GROUPE Studyrama

Le groupe Studyrama, partenaire de votre avenir.

En tant qu'acteur référent du monde de l'orientation et de l'aide à la réussite aux examens et aux concours, **notre vocation est de vous accompagner** et de vous conseiller tout au long de votre parcours étudiant et professionnel.

Convaincus que **la formation est la clé de votre employabilité**, nous avons créé un écosystème pertinent pour vous aider dans les décisions déterminantes pour votre avenir :

- Chaque année, **nos 140 salons** permettent à plus de 500 000 jeunes de trouver la formation et l'établissement qui les mèneront vers la réussite.
- 4,5 millions de lycéens, étudiants et professionnels trouvent chaque mois, sur **nos sites web et applis**, les réponses à leurs questions grâce à des contenus d'experts sur l'orientation, la formation, les révisions, l'évolution de carrière, l'efficacité professionnelle…
- **Nos ouvrages**, rédigés par les meilleurs spécialistes, facilitent le choix d'orientation de nos lecteurs et apportent un soutien efficace dans la préparation des concours et des examens.
- Le service d'accompagnement sur-mesure de **notre réseau de conseillers d'orientation tonavenir.net** guide des milliers de jeunes afin qu'ils trouvent la voie du succès.

Notre démarche est fondée sur trois objectifs majeurs : fournir une information de qualité et actualisée, créer les rencontres décisives pour votre évolution et vous offrir les meilleurs conseils d'experts et services personnalisés.

Et comme **c'est ensemble que nous avançons**, nous sommes à votre écoute permanente pour optimiser nos produits et nos offres, afin d'être le partenaire de votre avenir à chaque étape de votre vie !

Pour découvrir l'univers de Studyrama :

- Le site référent de l'orientation : studyrama.com
- L'agenda de nos 140 salons : studyrama.com/salons
- Nos conseillers d'orientation dans toute la France : tonavenir.net
- Nos maisons d'édition : librairie.studyrama.com

Pour nous contacter : **info@studyrama.com**

LA BIBLE
CONCOURS
SÉSAME
2023
7e ÉDITION
MISE À JOUR & AUGMENTÉE
Franck Attelan
Vincent Giuliani
Nicholas Chicheportiche
N°1
DES VENTES CUMULÉES*
COLLECTION LE CHOIX DU SUCCÈS
Studyrama

Annales
non officielles
du concours
SÉSAME
Franck Attelan
et Vincent Giuliani
Ce premier ouvrage d'annales non officielles a été élaboré par deux grands spécialistes du concours Sésame. Il constitue une base d'entraînement solide pour qui souhaite espérer obtenir les meilleurs scores le jour J.
20 sujets d'entraînement
Des corrigés détaillés
Studyrama

LA BIBLE
ENTRETIENS
2023
9e ÉDITION
MISE À JOUR & AUGMENTÉE
Concours des
Écoles de Commerce
et de Management
Franck Attelan
et Fabrice Carlier
N°1
DES VENTES CUMULÉES*
COLLECTION LE CHOIX DU SUCCÈS
Studyrama

5000 QCM
CULTURE
GÉNÉRALE
2023
10e ÉDITION
MISE À JOUR
& AUGMENTÉE
Aurélie Ohayon
Henri de La Guéronnière
N°1
DES VENTES*
COLLECTION LE CHOIX DU SUCCÈS
Studyrama

SOMMAIRE

1 SESAME

Présentation du concours

Le Concours SESAME est un concours d'entrée commun à 14 écoles de commerce et de management international **délivrant toutes** un diplôme visé par le ministère de l'Enseignement supérieur et de la Recherche, de niveau bac +4 ou niveau bac +5.

1. Le Concours SESAME en quelques chiffres clés

- 14 écoles de commerce et de management international
- 17 programmes : 8 programmes bac +4 et 9 programmes bac +5
- Près de 900 écoles et universités partenaires à l'international
- Plus de 5 000 places accessibles dans les écoles par le Concours SESAME
- Plus de 130 000 candidats sur 28 ans d'existence du concours
- Depuis sa création en 1992, le Concours SESAME s'est imposé comme la référence incontournable dans le monde pour l'accès post-bac aux écoles françaises de commerce et de management international.

2. Organisation du concours

Les épreuves écrites

Les épreuves écrites ont lieu à distance **depuis votre domicile le mercredi 12 avril 2023.** Cette date est unique (il n'y a pas d'autres sessions, quel que soit le motif pour lequel le candidat ne se présente pas au concours).

Vous devez être dans une pièce isolée, muni d'un unique ordinateur personnel disposant d'une connexion internet sur un espace de travail dégagé de tout document, à l'exception d'une pièce d'identité (en cours de validité), de feuilles de brouillon et de matériel d'écriture.

Concours SESAME examine chacun des dossiers des candidats sur Parcoursup pour calculer la « note de dossier ».

La note de dossier

En complément des résultats des épreuves écrites, Concours SESAME attribue à chaque dossier de candidat créé sur Parcoursup (obligatoire pour s'inscrire au concours), une «note de dossier».

Cette note de dossier prend en compte les éléments suivants :

- notes du bac anticipé de français,
- note calculée à partir des notes de première et de terminale pour les terminales,
- notes du bac pour les bacheliers,
- appréciations du professeur principal et du chef d'établissement.

La note de dossier est le résultat d'une moyenne générale pondérée dont l'objectif est de gommer les inégalités de notation à l'échelon de l'élève, de la classe et du lycée dont il provient.

Si vous réussissez les épreuves écrites du Concours SESAME, vous êtes alors convoqué aux épreuves orales dont les modalités diffèrent selon les écoles (dates, lieux, coefficients).

La convocation aux épreuves orales

Seuls les candidats convoqués aux épreuves orales qui ont obtenu les résultats suffisants aux épreuves écrites et à la note de dossier sont invités à passer les oraux.

**note de dossier = notes du bac de Français + notes de 1re et terminale + appréciations sur le candidat.*

Les épreuves orales

Contrairement aux épreuves écrites communes à toutes les écoles membres de SESAME, les oraux sont spécifiques à chaque école, en charge de la gestion et de l'organisation de ces épreuves qui se déroulent dans chacune d'elles.

Selon les écoles, les oraux, d'une durée d'environ 30 mn, comportent :

- 0, 1 ou 2 entretien en langues vivantes (LV1 et/ou LV2),
- 1 entretien individuel devant un jury.

3. Les programmes accessibles *via* le concours SESAME

Le Concours SESAME permet de candidater au total à 17 programmes bac +4 et bac +5, tous visés par le ministère de l'Enseignement supérieur, de la Recherche et de l'Innovation :

Les programmes bac +4

- BBA in Global Management – SKEMA Business School
- BBA International – La Rochelle Business School Excelia Group
- CESEM – NEOMA Business School
- ESSEC Global BBA – ESSEC Business School
- Global BBA – emlyon Business School
- Global BBA – NEOMA Business School
- International BBA – KEDGE Business School
- International BBA SCBS – South Champagne Business School

Les programmes bac +5

- EBP International – KEDGE Business School
- Programme Grande École – EBS Paris European Business School
- Programme Grande École – EDC Paris Business School
- Programme Grande École – EMLV Pôle Léonard de Vinci
- Programme Grande École – EM Normandie
- Programme Grande École – ESCE International Business School
- Programme Grande École – IPAG Business School
- Programme Grande École – PSB Paris School of Business
- TEMA – NEOMA Business School

4. Coût de l'inscription au concours, désistement et élèves boursiers

Pour être inscrit au Concours SESAME et être en mesure de passer les épreuves, chaque candidat doit s'acquitter de droits d'inscription.

Quel est le montant des droits d'inscription au Concours SESAME ?

Le montant des droits d'inscription au Concours SESAME s'élève à 290 euros, quel que soit le nombre de formations et programmes choisis par le candidat. Il est possible d'ajouter ou de supprimer des programmes/écoles jusqu'à la clôture des inscriptions mi-mars.

Ex : je choisis 1 seul programme ou 1 seule école dans SESAME, je règle 290 euros.

Ex : je choisis 3 programmes ou 3 écoles dans SESAME, je règle 290 euros.

Le règlement des droits d'inscription s'effectue sur la plateforme Parcoursup.

Les boursiers peuvent-ils bénéficier d'une réduction ?

Les candidats boursiers d'Etat de l'année du concours bénéficient d'une réduction de 50 % sur les droits d'inscription au Concours SESAME et du remboursement de ces derniers en cas d'intégration dans une des écoles du concours, sur présentation d'un justificatif.

Vous devez indiquer que vous êtes boursier lors de votre inscription sur Parcoursup :

- **Pour les candidats élèves de classe terminale** (bourse nationale de second degré) : notification d'attribution, reconduction ou octroi pour l'année scolaire en cours ou attestation d'attribution de moins de 3 mois délivrée par le lycée.
- **Pour les candidats de l'enseignement supérieur :** attestation d'attribution définitive de bourse de l'année universitaire en cours délivrée par le CROUS (Centres Régionaux des Œuvres Universitaires et Scolaires).

Les attestations de bourse provisoires ou conditionnelles ne sont pas acceptées. La présentation *a posteriori* d'un justificatif de bourse pour l'année en cours n'ouvre droit à aucun remboursement.

5. Résultats d'admission

Une fois les épreuves écrites et orales passées au cours du mois d'avril, vos résultats de concours sont consultables sur Parcoursup puis sur mySESAME à partir de mi-mai.

La méthode de notation

Après avoir passé les épreuves du Concours SESAME, des notes et coefficients sont attribués à chacune des épreuves.

Une note sur 20 est attribuée à chacune des épreuves écrites et orales :

- Langue
- Logique Générale
- Aptitudes numériques
- Aptitudes verbales
- Analyse documentaire
- Enjeux contemporains
- Entretien individuel
- Entretien de langues

A chacune des notes sur 20, est attribué un coefficient différent [lien vers page coefficients] selon les formations (programmes / écoles).

Ces notes conditionnent les résultats au concours accessibles sur Parcoursup début juin.

Les résultats sur Parcoursup, les notes sur mySESAME

Au moment de la publication des résultats d'admission, vous devez vous rendre sur Parcoursup pour consulter vos résultats et votre statut, puis sur mySESAME pour obtenir le détail de vos notes (notes des épreuves écrites, orales et note de dossier).

Sur Parcoursup, votre classement est déterminé par les notes obtenues aux épreuves écrites, à la note de dossier et aux épreuves orales.

Le classement est établi par ordre de mérite.

Les statuts sur Parcoursup

Le statut de « classé » :

▶ Vous êtes « appelé » :

- cela signifie que vous êtes retenu dans la limite des places disponibles dans le/les programmes choisis ;
- vous pouvez alors choisir votre programme et votre école et renoncer aux autres propositions.

▶ Vous êtes sur liste d'attente :

- vous êtes classé en attente d'une proposition. Cette position va évoluer au fur et à mesure des désistements des candidats mieux classés.

Le statut de « non classé » :

Vous n'êtes pas retenu dans le/les programmes choisis.

2 SESAME
Présentation détaillée des épreuves

Épreuves écrites

Les épreuves écrites sont communes aux écoles adhérant à la banque d'épreuves SESAME et se déroulent simultanément en France et à l'étranger selon le planning publié chaque année. Les écoles appliquent chacune leurs coefficients spécifiques aux épreuves.

Le Concours SESAME comporte 3 types d'épreuves écrites :

1. Langues étrangères – 35 QCM x 2 – Durée totale : 1h (30 min max. par langue)

En plus de l'anglais obligatoire, vous devez choisir 1 langue étrangère parmi les 10 proposées : Allemand, Arabe, Chinois, Espagnol, Hébreu, Italien, Japonais, Néerlandais, Portugais, Russe.

Lors de votre inscription sur Parcoursup, vous devez choisir votre LVB (l'anglais est enregistré en LVA par défaut).

Si vous souhaitez passer l'anglais LVA en LVB et choisir une autre langue étrangère en LVA, vous devez procéder à ces modifications sur votre espace réservé mySESAME après votre inscription sur Parcoursup.

Pour choisir les langues, vous avez deux possibilités :

- vous choisissez de passer au concours les langues que vous étudiez au lycée (dont l'anglais) ;
- vous choisissez de passer votre langue maternelle (hormis le français et l'anglais) que vous n'étudiez pas au lycée mais dans laquelle vous êtes à l'aise, en plus de l'anglais.

Les questions du QCM portent sur la grammaire, la conjugaison, le vocabulaire, la compréhension et la culture de la langue.

Barème de points : seules les bonnes réponses sont prises en compte (pas de points négatifs en cas de réponse fausse).

2. Enjeux contemporains (40 QCM – 30 min max.) / Raisonnement & Compétences (15 QCM x 3 – 1h) – Durée totale : 1h30

Le QCM d'Enjeux contemporains comprend 40 questions portant sur vos connaissances de l'actualité des 10 derniers mois précédant le concours, dans tous les domaines (culturel, sportif, économique, sociétal, etc.). La durée de cette partie d'épreuve est de 30 min maximum.

Si vous avez terminé avant ce délai, vous pouvez passer directement à la seconde partie de l'épreuve (Raisonnement & compétences).

Le QCM de Raisonnement & compétences compte 45 questions, réparties de la façon suivante (3 × 15) :

- Logique générale : 15 exercices de raisonnement
- Aptitudes numériques : 15 exercices/problèmes mathématiques
- Aptitudes verbales : 15 questions de français (grammaire, orthographe, conjugaison et compréhension)

Cette épreuve a pour objectif de tester en plus de vos acquis de niveau lycée (aptitudes numériques et verbales), votre capacité à réfléchir, à raisonner sur des problèmes.

A noter : sur le sujet de l'épreuve le jour j, vous trouverez en alternance, 5 QCM de logique générale, 5 d'aptitudes numériques et 5 d'aptitudes verbales.

Pour cette partie d'épreuve, vous pouvez utiliser une feuille de brouillon papier (feuille A4 recto verso blanche).

Barème : seules les bonnes réponses sont prises en compte (pas de points négatifs en cas de réponse fausse ou d'absence de réponse).

3. Analyse documentaire – 20 questions – 2 heures

L'épreuve dure 2 heures et vous devez répondre au total à 20 questions, réparties de la façon suivante :

- Questions de repérage : vous devez trouver la réponse à la question posée dans l'un des textes de la base documentaire et cocher la réponse correspondante.
- Questions d'analyse : à une question, plusieurs propositions sont correctes à retrouver dans plusieurs textes.
- Questions de synthèse : parmi les propositions, vous devez cocher les cases qui permettent de reconstituer une synthèse en sélectionnant les éléments répondant à la problématique posée. Pour reconstituer la synthèse, vous devez cocher les bonnes réponses correspondant à la phrase d'introduction, les parties 1 et 2 et leurs sous-parties, la phrase de conclusion et la phrase d'ouverture.

A noter : pour cette épreuve, vous pouvez utiliser le brouillon numérique mis à votre disposition sur l'outil de composition des épreuves écrites (le brouillon papier n'est pas autorisé).

Barème :

- Questions de repérage et de synthèse : seules les bonnes réponses sont prises en compte (pas de points négatifs en cas de réponse fausse).
- Questions d'analyse : si vous avez sélectionné l'intégralité des réponses attendues vous obtenez le maximum de points, au moins la moitié des réponses attendues vous obtenez la moitié des points, au moins une mauvaise réponse (ou absence de réponse) vous n'obtenez aucun point.

Épreuves et coefficients

Ecoles	Epreuves écrites					Epreuves orales		
	LVA	LVB	Analyse documentaire & Enjeux contemporains	Raison-nement & Compétences	Note de dossier	LVA	LVB	Entretien individuel
BBA in Global Management SKEMA Business School	4	2	4 4	4 2 2	2	4*	-	18
BBA International La Rochelle Business School Excelia Group	5	2	6 3	2 2 2	1	5	-	12
CESEM – NEOMA Business School	10	3	2 4	2 2 2	8*	6	-	9
ESSEC Global BBA ESSEC Business School	2	2	4 2	3 5 3	10	2	-	7
Global BBA emlyon Business School	3	2	3 3	3 3 3	10*	5	-	5
Global BBA NEOMA Business School	8	2	4 2	2 2 2	5*	7	-	11
International BBA KEDGE Business School	4	4	4 4	3 3 2	6*	5	-	5
International BBA SCBS South Champagne Business School	4	2	4 2	2 2 2	5*	4	-	18
EBP International KEDGE Business School	4	4	4 4	3 3 2	6*	8	-	8
Programme Grande Ecole EBS Paris European Business School	5	2*	3 3	3 3 3	3*	-	-	20

Programme Grande Ecole EDC Paris Business School	4	1*	2 2	4 5 4	3	2	-	14
Programme Grande Ecole EMLV Pôle Léo-nard de Vinci	5	2	4 2	3 2 2	5*	5	-	15
Programme Grande Ecole EM Normandie	5	2	5 2	2 2 2	3*	5	-	15
Programme Grande Ecole ESCE International Business School	9	4	4 4	1 1 2	4*	-	-	15
Programme Grande Ecole IPAG Business School	8	4	4 3	5 1 1	5*	6	-	8
Programme Grande Ecole PSB Paris School of Business	4	2	4 4	2 2 2	10*	-	-	20
TEMA NEOMA Business School	5	1	4 4	3 2 1	4*	16	-	14

* Note bonus : points >10/20

1 RAISONNEMENT & COMPÉTENCES

3 Raisonnement & Compétences

Présentation de l'épreuve

L'épreuve écrite de raisonnement & compétences dure 1 heure et comporte comporte 3 parties :

- **Logique générale :** 15 problèmes à 4 choix multiples balayant les différents aspects du raisonnement spatial et temporel ;
- **Logique numérique :** 15 questions à 4 choix multiples balayant les différents aspects du raisonnement numérique (arithmétique, géométrie…) ;
- **Logique verbale :** 15 questions à 4 choix multiples balayant les différents aspects de la logique verbale (orthographe, grammaire, questions de culture générale…).

Pour ces 3 parties, seules les bonnes réponses sont prises en compte.

Quatre points très importants

1. Vous pouvez gérer votre temps ainsi que l'ordre dans lequel vous abordez les questions comme bon vous semble.
2. Seules les bonnes réponses sont prises en compte.
   Cela signifie que vous devez absolument prendre 2 minutes en fin d'épreuve (autrement dit au moment où on vous dit qu'il vous reste 2 ou 3 minutes) pour vous assurer que vous avez coché une réponse pour chacune des 45 questions.
3. N'oubliez pas que vous allez passer un concours.
   Si durant l'épreuve, certaines questions vous paraissent difficiles, incompréhensibles, louches, bizarres, infaisables… pas de panique ! Car il est en effet sûr et certain que 98 % des autres candidats les trouvent tout aussi infaisables. Dans un concours, ce n'est pas tant répondre juste à un maximum de questions qui compte mais de répondre justes à plus de questions que vos adversaires.
4. Entraînez-vous beaucoup ! Au moins 20 minutes par jour.

4 Logique générale

Séries logiques

Les tests de logique consistent souvent en des séries de chiffres, de lettres, d'intrus ou autres phrase à compléter. Si lister l'ensemble des techniques et suites logiques à appliquer serait impossible, l'imagination des concepteurs du sujet n'ayant pas de limite, voici une **fiche récapitulative de l'essentiel des techniques et suites logiques** que vous devrez rechercher.

1. EJOTY

Aux concours, pas la peine de noter tout l'alphabet mais uniquement E5, J10, O15, T20 et Y25. Cela suffira amplement pour retrouver rapidement les rangs de toutes les lettres de l'alphabet.

A	B	C	D	**E**	F	G	H	I	**J**	K	L	M
1	2	3	4	**5**	6	7	8	9	**10**	11	12	13

N	**O**	P	Q	R	S	**T**	U	V	W	X	**Y**	Z
14	**15**	16	17	18	19	**20**	21	22	23	24	**25**	26

2. Opération sur les chiffres

Ce qu'il faut chercher lorsque dans une série, vous êtes confrontés à des nombres :

- **Somme constante/progressive** des chiffres qui composent les nombres.
- Le **produit** des chiffres d'un nombre.
- Les nombres d'une série sont des **carrés** ou des **cubes**.
- **Lecture inverse** de carrés ou de cubes (exemple : 94 ⇔ 49 (7^2), 215 ⇔ 512 (8^3)).
- Les nombres d'une série sont des **multiples simples** (3, 5, 6, 8, 9 et 11), des **multiples complexes** (7, 13, 17 et 19) ou des **nombres premiers** (2, 3, 5, 7, 11, 13, 17, 19, etc.).
- Les initiales d'un nombre (exemple : 22 ⇔ VD, 34 ⇔ TQ, 67 ⇔ SS).

3. Opération sur les lettres/mots

- **Rang alphabétique** de la lettre (exemple : A = 1, B = 2… T = 20… Z = 26).
- **Nombre de barres** identique pour une lettre (exemple : K, N, A et F).
- Le **nombre de voyelles** ou la **position** des voyelles dans le mot (A, E, I, O, U, Y).
- Le **nombre de lettres** dans un mot.
- Lecture **phonétique** des lettres.
- Chaque lettre d'une série est **symétrique en son milieu** (exemple : T, U, V et X).
- Les mots d'une série font partie de la **même figure de style**.

4. Trouver le lien

La prochaine étape consiste à trouver **le lien logique qui relie les données** (rang alphabétique, somme des chiffres d'un nombre, nombre de barres, initiales de nombres, etc.) en trouvant notamment le signe opératoire (+, –, × ou ÷) qui relie les éléments.

Exemple :

Question 1 : complétez la série :

35(H) 49(M) 52(G) 36(I) 4?(L)

(A) 5-7 (B) 8-8 (C) 7-7 (D) 6-1

Réponse B : la somme des chiffres donne le rang de la lettre entre parenthèses. Il fallait donc trouver 8 car 4 + 8 = 12 et 12 est bien le rang de la lettre L.

Question 2 : quel est l'intrus ?

434 83 560 128 722 515 94

(A) 434 (B) 83 (C) 94 (D) 722

Réponse C : c'est le seul nombre pour lequel la somme des chiffres n'est pas égale à 11.

Question 3 : quel est l'intrus ?

F L T V X

Réponse A : c'est la seule lettre qui ne contient pas 2 « barres ».

Question 4 : complétez la série :

Un(2) Quatre(6) Neuf(4) Treize(6) Douze(?)

(A) 4 (B) 5 (C) 3 (D) 7

Réponse B : le chiffre représente le nombre de lettres dans le mot.

Question 5 : complétez la série :

2 F 3 3 X 8 1 A 1 9 ? 1

(A) L (B) J (C) K (D) I

Réponse D : le rang de la lettre entre parenthèses est égal au produit des deux chiffres.

Question 6 : quel est l'intrus ?

(A) AIMER – 124 (B) MANGÉE – 256

(C) CLAMEUR – 356 (D) LAIDE – 231

Réponse D : les chiffres donnent la position des voyelles dans le mot.

Question 7 : complétez la série :

X W U R N ?

(A) I (B) J (C) K (D) G

Réponse A : l'écart des lettres est croissant. Entre X et W : 0 lettres, entre W et U : 1 lettre, entre U et R : 2 lettres, etc.

Question 8 : quel est l'intrus ?

AT OC BB CD HT AM OT KC

(A) AT (B) AM (C) OC (D) KC

Réponse B : quand on lit les lettres, cela donne de « vrais » mots : « AT » : athée, « OC » : hausser, « KC » : cassé. Seul « AM » ne donne pas un mot.

Question 9 : complétez la série :

IV(Q) XVI(S) IX(N) X(D) ?

(A) VII(U) (B) XI(L) (C) XXV(E) (D) XII(D)

Réponse D : les lettres entre parenthèses sont les initiales des nombres romains. XVII ⇔ **Douze.**

Question 10 : quel est l'intrus ?

ANONA ÉTÉ LEBEL CLINIC EUE

(A) ANONA (B) LEBEL (C) CLINIC (D) EUE

Réponse C : tous les mots de la série sont des palindromes (mots qui peuvent se lire de la même façon de gauche à droite comme de droite à gauche) sauf « CLINIC ».

Question 11 : complétez la série :

VOITURE (5 – 22) CARTES (19 – 3) RADEAU (? – ?)

(A) (21 – 18) (B) (21 – 16) (C) (4 – 20) (D) (6 – 20)

Réponse A : le premier chiffre correspond au rang de la dernière lettre du mot dans l'alphabet et le second chiffre correspond au rang de la première lettre du mot dans l'alphabet.

Question 12 : complétez la série :

Recommencer Découdre Congeler Commencer Coudre ?

(A) Geler (B) Refroidir (C) Démanteler (D) Décongeler

Réponse A : on a fait tomber la première syllabe des trois premiers mots.

5. Anagrammes

Une anagramme est un mot obtenu par la **permutation des lettres d'un autre mot.**

Exemple :

Question 1 : complétez la série :

SINGE SIGNE NIMAL MALIN ABERB ?

(A) BARBE (B) ANIMAL (C) BRAVE (D) GAINE

Réponse A : BARBE est une anagramme de ABERB, au même titre que MALIN est une anagramme de NIMAL et SIGNE une anagramme de SINGE.

Question 2 : complétez la série :

MARIE AIMER PINAS SAPIN LASE ?

(A) MATER (B) SALA (C) SALE (D) SEAL

Réponse C : SALE est une anagramme de LASE, au même titre que AIMER est une anagramme de MARIE et SAPIN une anagramme de PINAS.

⚠ ATTENTION Il faut donner des anagrammes qui sont des **noms communs** (des noms qui ont du sens) !

5 Logique générale

Faire parler les nombres et les mots

FAITES PARLER LE NOMBRE 613

613

- Ce nombre contient trois chiffres : **6** centaines, **1** dizaine et **3** unités.
- Il est **impair**.
- La somme de ses chiffres (6 + 1 + 3) vaut **10**. Le carré de cette somme vaut **100** et le cube de cette somme vaut **1 000**.
- Le produit des chiffres 6 × 1 × 3 vaut **18**.
- **5, 3, 2, 7, 58, 62 :** ce sont les écarts absolus qui existent entre les chiffres 6 et 1 (écart = 5), 6 et 3 (écart = 3) puis 1 et 3 (écart = 2), puis entre 6 et 13 (écart = 7), etc.
- **S/U/T :** ce sont les initiales respectives des chiffres 6 (**S**ix), 1 (**U**n) et 3 (**T**rois).
- **S/C/T :** ce sont les initiales de **S**ix **C**ent **T**reize.
- **F/A/C :** ce sont les rangs respectifs dans l'alphabet des chiffres 6, 1 et 3.
- Le premier chiffre, 6 est égal au double du dernier, 3.
- 613 peut être splitté en 6 et 13 et 6 × 13 = **78**. 613 peut aussi être splitté en 61 et 3 et 61 × 3 = **183**.

Et ce n'est pas tout !

- 613 est un nombre premier, autrement dit, il n'est divisible que par 1 et lui-même.
- 613 est égal à 4 × 153 + 1 (pas de panique, on ne vous demandera pas de trouver cela tout seul… vous serez guidés !) ce qui nous permet de déduire que 613 est égal à la somme de deux carrés entiers. En effet : $613 = 17^2 + 18^2$.

FAITES PARLER LE MOT IMAGINER

IMAGINER

- IMAGINER est un verbe transitif du 1er groupe.
- IMAGINER signifie « se représenter quelque chose dans l'esprit » ; « inventer ».
- Des synonymes : combiner, composer, construire, créer, envisager, gamberger, improviser, penser, prévoir, rêver, s'attendre, se représenter, supposer.
- Un antonyme : exécuter.
- Une anagramme : MIGRAINE.

Passons aux choses sérieuses à présent :

IMAGINER est composé de :

- **8** lettres.
- **4** consonnes.
- **4** voyelles.
- **4** syllabes écrites et **4** syllabes orales.
- **1/3/5/7 :** ce sont les positions des voyelles dans IMAGINER.
- **2/4/6/8 :** ce sont les positions des consonnes dans IMAGINER.
- **I et R :** ce sont les lettres initiale et finale de IMAGINER.
- **9 – 18 :** ce sont les positions des lettres initiale et finale du mot IMAGINER dans l'alphabet.
- **I2 :** cela signifie que le I apparaît deux fois dans le mot IMAGINER.
- **9/13/1/7/9/14/5/18 :** ce sont les positions (appelés aussi rangs) respectives des lettres du mot IMAGINER dans l'alphabet.
- **76 :** c'est la somme des rangs des lettres du mot IMAGINER.
- **4/12/6/2/5/9/13 :** ce sont les écarts absolus entre les rangs des lettres du mot IMAGINER.

6 Logique générale

Séries graphiques

1. Opérations sur les lettres

A. Suite à progresion arithmétique/géométrique/NP

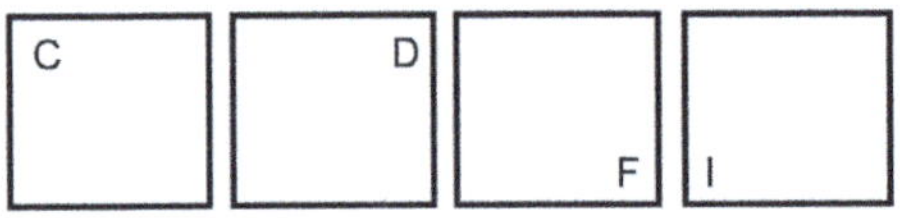

Progression arithmétique, géométrique ou de nombres premiers selon le rang alphabétique de la lettre. Dans cet exemple, il s'agit d'une suite arithmétique (+ 1, + 2, + 3, + 4). L'élément solution est 13 = M.

B. Nombre de barres

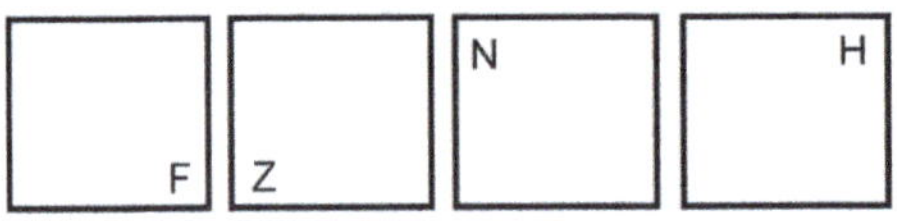

Nombre de barres identique, croissant ou décroissant entre chaque lettre. Dans cet exemple, le nombre de barres est toujours égal à 3.

C. Lettres symétriques

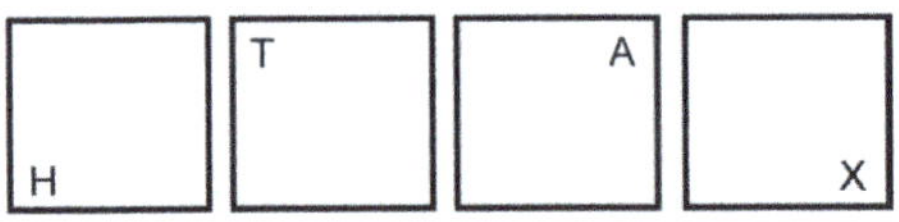

Les lettres sont toutes symétriques en leur milieu (vertical).

D. Lettre = initiale du nombre ou du nom de la figure

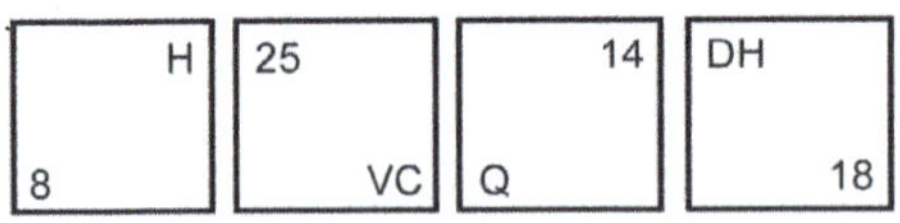

La ou les lettres représentent les initiales du chiffre/nombre (exemple : <u>VC</u> pour 25 (<u>V</u>ingt-<u>C</u>inq)).

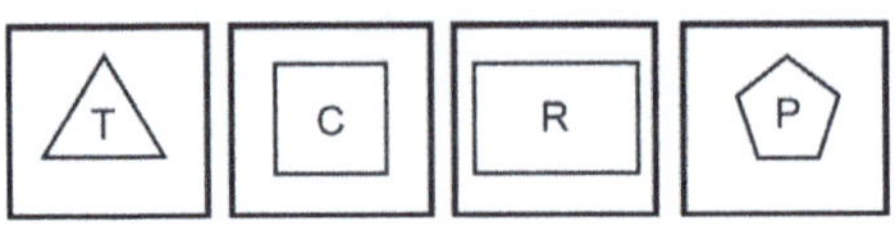

La lettre est l'initiale du nom de la figure (exemple : <u>P</u> pour <u>P</u>entagone).

E. Nombre de voyelles

TU	ROI	APACHE	AFRICAIN

Le nombre de voyelles est constant, croissant ou décroissant. Dans notre exemple, il est croissant (1, 2, 3, 4).

2. Opérations sur les nombres

A. Suites arithmétiques/géométriques

3	6	12	24

Progression arithmétique ou géométrique entre chaque nombre. Dans notre exemple, progression géométrique : 3-6-12-24 (× 2 entre chaque nombre). L'élément solution est 48.
_NB_ : les progressions géométriques possibles sont : × 2, × 3, × 4 ou × 5.

B. Suites de nombres premiers

101	97	89	83

Suite de nombres premiers.
Dans notre exemple, suite décroissante : 101-97-89-83-?. L'élément solution est 79.

C. Suite de carrés/cubes

49	64	81	100

Suite de carrés ou de cubes.
Dans notre exemple, suite de carrés : 49-64-81-100-?. L'élément solution est 121.

D. Lecture inverse de carrés/cubes/nombres premiers

46	215	343	8 271

La lecture inverse des nombres (de la droite vers la gauche) donne une série de carrés, de cubes ou de nombres premiers. Dans cet exemple, il s'agit d'une suite de cubes (64, 512, 343, 1 728).

E. Lecture phonétique

311 1321	2211 2221	13 1113	332 2312

La lecture phonétique de la ligne du bas (du haut) donne le nombre de la ligne du haut (du bas). Dans cet exemple, lisez à haute voix la ligne du bas : *1321 donne « un **trois** et deux **un** » = 311*. Et ainsi de suite.

F. Suite arithmétique ou nombres premiers ?

⚠ ATTENTION Illustrons un **piège récurrent** dans les séries graphiques du test SESAME avec un exemple :

A5	K7	N11	?

(A)	(B)	(C)	(D)
W13	Z17	T17	F13

<u>Réponse</u> :

- ÉTAPE 1 : le nombre de barres qui composent les lettres est toujours égal à 3. On garde les réponses B et D.
- ÉTAPE 2 : on s'intéresse aux nombres, où deux logiques peuvent être aperçues :
  - Une suite arithmétique : + 2, + 4 et donc + 6 = 17 → Réponse B.
  - Une suite de nombres premiers : 5, 7, 11 et donc 13 → Réponse D.

Dans ce cas, **privilégiez la logique ayant le plus d'occurrences**. Pour, la logique « suite de nombres premiers » on observerait quatre récurrences (5, 7, 11, 13). Pour la logique « suite arithmétique », on observerait trois récurrences (+ 2, + 4, + 6). On privilégie donc la suite de nombres premiers. **Réponse D.**

3. Opérations sur les figures

A. Nombre de côtés

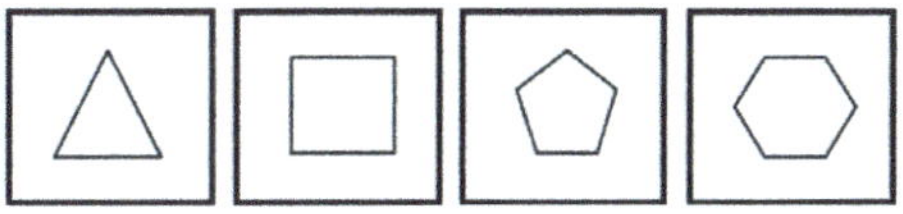

Le nombre de côtés des figures est identique, croissant ou décroissant. Dans cet exemple, le nombre de côtés des figures est croissant.

B. Nombre d'angles droits

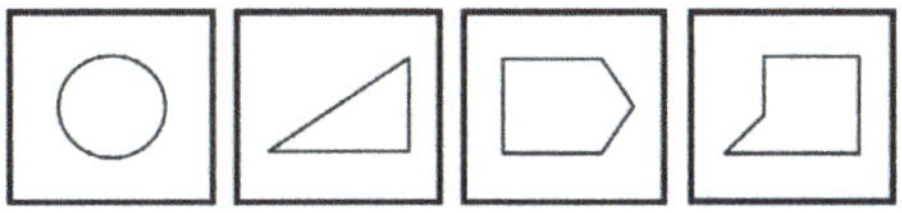

Le nombre d'angles droits des figures est identique, croissant ou décroissant. Dans cet exemple, le nombre d'angles droits est croissant (0, puis 1, puis 2, puis 3).

C. Éléments graphiques

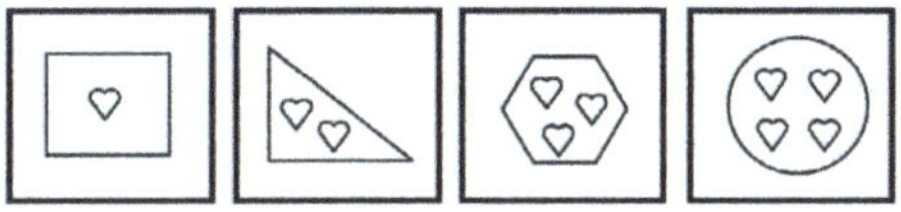

Le nombre d'éléments à l'intérieur d'une figure est identique, croissant ou décroissant. Dans cet exemple, le nombre d'éléments est croissant (1, puis 2, puis 3, puis 4). La prochaine figure aura donc 5 éléments.

D. Nombre de points d'intersection

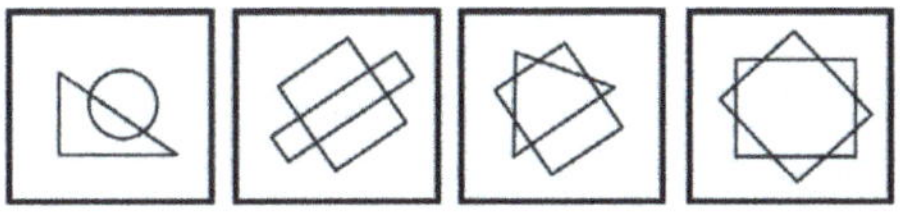

Le nombre de points d'intersection entre les 2 figures est identique, croissant ou décroissant. Dans cet exemple, le nombre de points d'intersection est croissant (2, 4, 6, 8). Le cadre suivant aura 10 points d'intersection.

E. Valeur des symboles

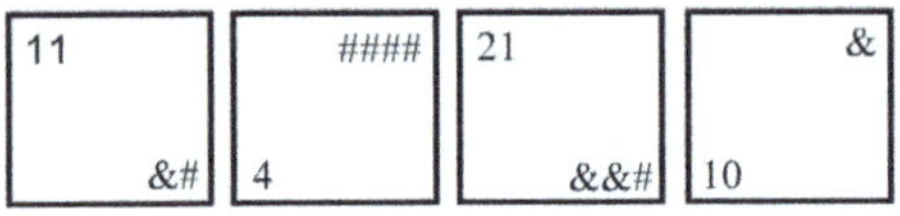

Les symboles peuvent alterner d'un cadre à l'autre. L'important est leur nombre ou la valeur représentée.
Dans cet exemple, & = 10 et # = 1. Donc 11 = &#, 4 = ####, 21 = &&# et 10 = &.

4. Trouver le lien

La prochaine étape consiste à trouver **le lien logique qui relie les données** (nombre de côtés, rangs alphabétiques, nombre, nombre d'éléments, etc.) en trouvant notamment le signe opératoire (+, –, × ou ÷) qui relie les éléments.

Quelques liens logiques très fréquents : « **chiffre et nombre de barres** », « **rang alphabétique et nombre de côtés** », « **nombre de côtés au carré/cube = nombre ou rang alphabétique** », « **les croix** » (cf. exemple 1), « **les croix** » (cf. exemple 2) et « **séparation du nombre** » (cf. exemple 3).

Trois exemples classiques du test SESAME :

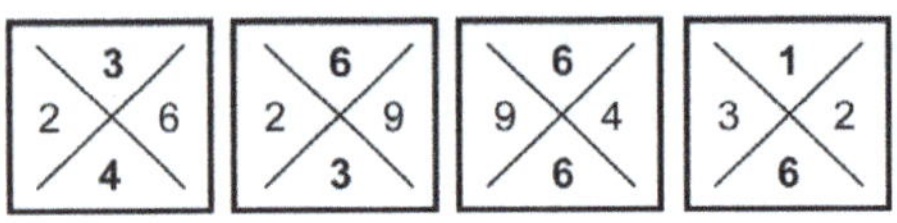

La somme ou la multiplication des chiffres « verticaux » est égale à la somme ou à la multiplication des chiffres « horizontaux ». Dans cet exemple, $\underline{3} \times \underline{4} = 2 \times 6$, etc.

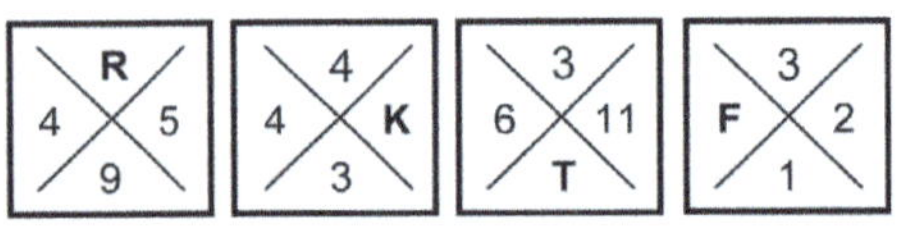

La somme ou la multiplication des chiffres est égale au rang alphabétique de la lettre. Dans cet exemple, $4 + 5 + 9 = \underline{18}$ (soit **R**), etc.

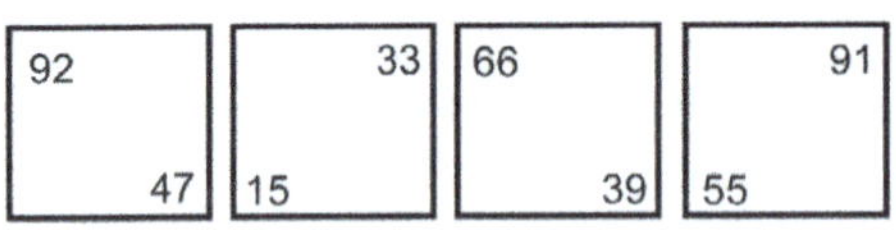

Séparez le nombre et additionnez ou multipliez les chiffres entre eux. Dans cet exemple, $9 + 2 = 4 + 7$, $1 + 5 = 3 + 3$, $6 + 6 = 3 + 9$, $5 + 5 = 9 + 1$.

De nombreux autres liens logiques existent : il est fondamental de s'exercer le plus possible pour en découvrir le plus. Dans tous les cas, l'esprit créatif des rédacteurs est sans limite. **Gardez l'esprit ouvert !**

5. Mouvements

Il existe 5 types de mouvements : « **mouvement de rotation** », « **mouvement circulaire** », « **mouvement d'alternance** », « **mouvement du serpent** » et « **mouvement de décalage** ».

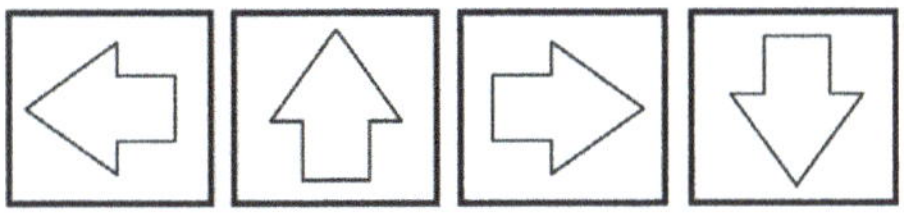

La rotation (sur soi-même) d'un élément est une suite logique. La rotation peut être dans le sens des aiguilles d'une montre ou non et est souvent de 45° ou 90°.

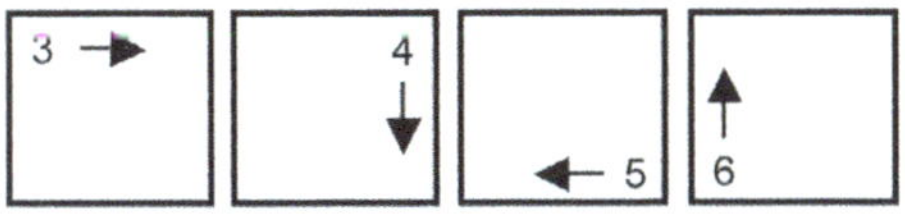

Un mouvement circulaire d'une lettre, d'un nombre ou d'un élément est une suite logique.

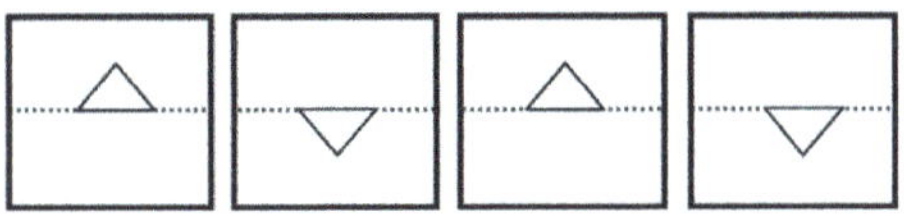

Un mouvement d'alternance le long d'un axe de symétrie est une suite logique. L'axe de symétrie peut être horizontal, vertical, diagonal ou central.

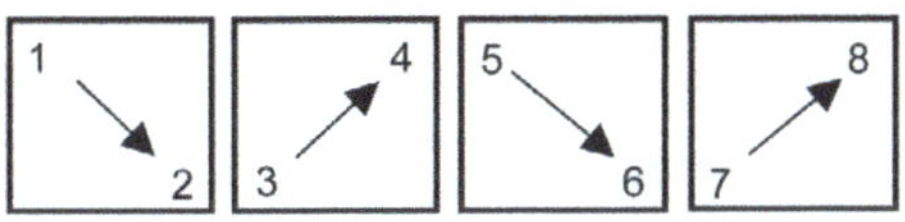

Le mouvement du « serpent » correspond à une oscillation haut/bas – bas/haut ou bas/haut – haut/bas de cadre à cadre.

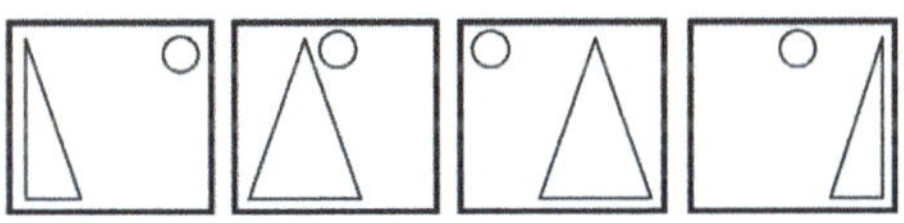

Un élément se décale vers la droite d'un tiers de cadre et un autre vers la gauche d'un demi-cadre.

6. Alternance de couleur

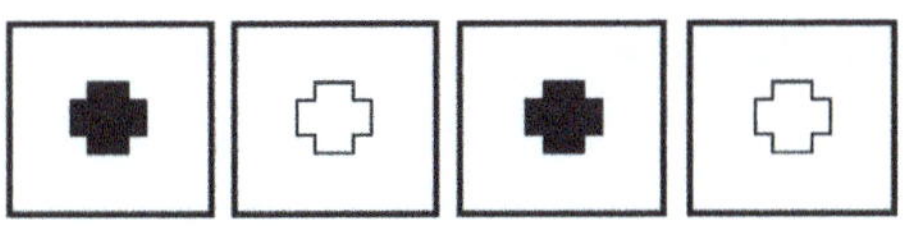

La couleur d'un élément peut alterner d'un cadre à l'autre (noir ou blanc).

7 Logique numérique

Calcul mental, opérations usuelles et résolutions d'équations

Vous n'aurez pas le droit à la calculatrice au concours ! Savoir poser une multiplication ou une division, connaître ses carrés, cubes et critères de divisibilité, manier des pourcentages et des ratios sont donc autant de points à connaître PAR CŒUR si vous voulez sortir vainqueur des épreuves de logique et de mathématiques ! Armez-vous donc de courage et révisez très régulièrement cette fiche.

1. Rappel sur les nombres

- **ENTIERS NATURELS ($\mathbb{N}$) :** l'ensemble des entiers positifs, 0 inclus : 0, 1, 2, 3, 250, 134 003, etc.
- **ENTIERS RELATIFS ($\mathbb{Z}$) :** l'ensemble des nombres entiers naturels auquel on ajoute l'ensemble des nombres entiers négatifs (entiers naturels précédés du signe « – ») : – 13 576, – 346, – 2, 0, 1, 49, 576, etc.
- **NOMBRES RÉELS ($\mathbb{R}$) :** l'ensemble des nombres naturels et relatifs, des nombres décimaux, des nombres rationnels et irrationnels : – 457, – 2/3, 0, $\sqrt{2}$, π, 37/9, 4 306, etc.

2. Poser une multiplication

	452
×	273
	1 356
+	31 64**0**
+	90 4**00**
=	123 396

⚠ **ATTENTION**

- N'oubliez pas les **retenues**.
- N'oubliez pas d'**ajouter un 0** au commencement de **chaque nouvelle ligne**.

3. Poser une division

4 562	13 **(Diviseur)**
– 3 9	350,923
= 66	**(Quotient)**
– 65	
= 120	
– 117	
= 30	
– 26	
= 40	
– 39	
Reste = 1	

Étapes :

a) 45 : 13 = 3 (au quotient) et 3 × 13 = 39. Il reste 45 – 39 = 6.

b) J'abaisse le 6. Puis, 66 : 13 = 5 (au quotient) et 5 × 13 = 65. Il reste 66 – 65 = 1.

c) J'abaisse le 2. 13 > 12 donc j'ajoute un 0 à 12 et **je mets un 0 et une virgule** au quotient. Puis je continue la division.

d) Je suis le même raisonnement jusqu'à l'obtention d'un **reste de 1** et d'un **quotient de 350,923**.

4. Tables de multiplication et nombres premiers

LES TABLES DE MULTIPLICATION sont à connaître par cœur **jusqu'à 20 !** Récitez-les de multiples fois et faites-vous interroger par vos amis.

NOMBRES PREMIERS (nombres divisibles uniquement par 1 ou par eux-mêmes) : 2, 3, 5, 7, 11, 13, 17, 19, 23, 29, 31, 37, 41, 43, 47, 53, 59, 61, 67, 71, 73, 79, 83, 89, 97, 101.

5. Carrés et cubes

Table de carrés (jusqu'à 20)				
$1^2 = 1$	$5^2 = 25$	$9^2 = 81$	$13^2 = 169$	$17^2 = 289$
$2^2 = 4$	$6^2 = 36$	$10^2 = 100$	$14^2 = 196$	$18^2 = 324$
$3^2 = 9$	$7^2 = 49$	$11^2 = 121$	$15^2 = 225$	$19^2 = 361$
$4^2 = 16$	$8^2 = 64$	$12^2 = 144$	$16^2 = 256$	$20^2 = 400$

Table de cubes (jusqu'à 12)			
$1^3 = 1$	$4^3 = 64$	$7^3 = 343$	$10^3 = 1\,000$
$2^3 = 8$	$5^3 = 125$	$8^3 = 512$	$11^3 = 1\,331$
$3^3 = 27$	$6^3 = 216$	$9^3 = 729$	$12^3 = 1\,728$

6. Astuces et calculs

A. Calculer des carrés consécutifs

Si vous connaissez un carré N, **rajoutez 2N + 1 à N^2** pour avoir la valeur du carré de l'entier suivant (N + 1).

Exemple : $20^2 = 400$. Donc $21^2 = 400 + (2 \times 20 + 1) = 441$.

B. Jouer les écarts

Une fois vos carrés mémorisés, il est facile de calculer des produits particuliers de nombres entiers tels : 13 × 19. 13 et 19 sont « écartés » de 16 de façon égale. Ce produit correspond donc à une identité remarquable cachée.

Exemple : $13 \times 19 = (16 - 3) \times (16 + 3) = \mathbf{(A - B) \times (A + B) = A^2 - B^2} = 16^2 - 3^2 = 256 - 9 = 247$.

7. Critères de divisibilité

► **Critère de divisibilité par 2**

Un nombre N est divisible par 2 si et seulement si N est pair (= il se termine par 0, 2, 4, 6 ou 8 (ex. : 14, 1 432)).

► **Critère de divisibilité par 3**

Un nombre N est divisible par 3 si et seulement si la somme des chiffres de N est divisible par 3 (ex. : 273 → 2 + 7 + 3 = 12. 12 est divisible par 3. Donc 273 est divisible par 3. 273 ÷ 3 = 91).

► **Critère de divisibilité par 4**

Un nombre N est divisible par 4 si et seulement si les 2 derniers chiffres de N forment un nombre divisible par 4 (ex. : 436. Les deux derniers chiffres de 436 forment le nombre 36. 36 est divisible par 4. Donc 436 est divisible par 4. 436 ÷ 4 = 109).

► **Critère de divisibilité par 5**

Un nombre N est divisible par 5 si et seulement si N se termine par 0 ou 5 (ex. : 6**5** ou 2 80**0**).

► **Critère de divisibilité par 6**

Un nombre N est divisible par 6 si et seulement s'il est divisible par 2 ET par 3 (ex. : 654 → 6 + 5 + 4 = 15. 15 est divisible par 3. 654 est pair car se termine par un 4. 654 est divisible par 2. 654 est donc divisible par 6).

▶ Critère de divisibilité par 8

Un nombre N est divisible par 8 si et seulement si les 3 derniers chiffres de N forment un nombre divisible par 8 (ex. : 7 832. Les trois derniers chiffres sont 832. 832 est divisible par 8. 7 832 est divisible par 8. 7 832 ÷ 8 = 979).

▶ Critère de divisibilité par 9

Un nombre N est divisible par 9 si et seulement si la somme des chiffres de N est divisible par 9 (ex. : 747 → 7 + 4 + 7 = 18. 18 est divisible par 9. 747 ÷ 9 = 83).

▶ Critère de divisibilité par 10

Un nombre N est divisible par 10 si et seulement si N se termine par 0 (ex. : 7**0** ou 2 35**0**).

▶ Critère de divisibilité par 11

Un nombre N est divisible par 11 si et seulement si la somme de ses chiffres de **rang impair** moins la somme de ses chiffres de **rang pair** est un multiple de 11 comme : – 11, 0, 11, 22, 33, etc.

Exemple : 1 595 → (somme des chiffres de rang impair) – (somme des chiffres de rang pair) = (1 + 9) – (5 + 5) = 0. 1 595 est divisible par 11. 1 595 ÷ 11 = 145.

8. Pourcentages : tableau de correspondances

1 % = 1/100 = 0,1	4 % = 1/25 = 0,04	5 % = 1/20 = 0,05
10 % = 1/10 = 0,10	12,5 % = 1/8 = 0,125	16,66 % ≈ 1/6 ≈ 0,166
33,33 % ≈ 1/3 ≈ 0,333	50 % = 1/2 = 0,5	66,66 % ≈ 2/3 ≈ 0,66
70 % = 7/10 = 0,7	80 % = 4/5 = 0,8	100 % = 1

Doubler (fois 2) revient à ajouter **100 %.**

Tripler (fois 3) revient à ajouter **200 %.**

Quadrupler (fois 4) revient à ajouter **300 %.**

Décupler (fois 10) revient à ajouter **900 %.**

Augmenter (baisser) du **cinquième** → ajouter (diminuer de) **20 %** ou multiplier par **1,2 (0,8).**

Augmenter (baisser) du **tiers** → ajouter (diminuer de) **33,33 %** ou multiplier par **1,33 (0,66).**

9. Calculs de variation

A. Calcul d'un % de variation (hausse ou baisse)

$$\text{Variation en \%} = \frac{\text{Variation}}{\text{Total}} \times 100$$

Exemple : augmentation de 135 € sur un prix initial de 700 €.
Réponse : 135/700 = 19,29 %.

B. Calcul d'une variation en valeur absolue (hausse ou baisse)

Variation = Total × Variation en %

Nouveau total = Ancien total × (1 ± Variation en %)

Exemple : le prix d'un gramme d'or 18 carats de pétrole était de 36 $ en 2013. En 2014, il a augmenté de 15 %. Quel est le prix de 2014 ?
Réponse : 36 × (1 + 15 %) = 36 × 1,15 = 41,4 $.

C. Calcul d'un total avant variation

$$\text{Ancien total} = \frac{\text{Nouveau total}}{1 + \text{Variation en \%}}$$

Exemple : entre 2013 et 2014, le prix moyen d'une chambre d'hôtel a augmenté de 10 %. En 2014, le prix moyen était de 102 €. Quel était le prix moyen d'une chambre en 2013 ? Réponse : 102 €/(1 + 10 %) = 102/1,1 = 93 €.

D. Calcul d'une variation en %

$$\text{Variation en \%} = \frac{\text{Valeur d'arrivée} - \text{Valeur de départ}}{\text{Valeur de départ}} \times 100$$

Exemple : en 2013, le prix moyen du baril de pétrole était de 58 €. En 2014, le prix moyen est de 64 €. Quelle est l'évolution en % ?

Réponse : $= \frac{64 - 58}{58} \times 100 = \frac{6}{58} \times 100 = +\ 10{,}34\ \%$.

CAS PARTICULIER : un grand classique du test SESAME est le calcul de la variation en % entre deux fractions :

Exemple : passer de 2/3 à 6/7 revient à… ?

Réponse : $\frac{V_f}{V_i} = \frac{6/7}{2/3} = \frac{6 \times 3}{2 \times 7} = \frac{18}{17} = 1{,}29 \rightarrow$ augmenter de 29 %.

E. Calcul d'une succession de variation

Variation = Variation 1 × Variation 2 × …

⚠ **ATTENTION** Les pourcentages ne s'additionnent pas mais se multiplient entre eux !

Exemple : le prix d'un tableau a augmenté de 20 % en 2012, baissé de 12 % en 2013 et augmenté de 15 % en 2014. Quelle est la variation du prix du tableau depuis 2012 ?
Variation = (+ 20 %) × (– 12 %) × (+ 5 %) = 1,2 × 0,88 × 1,05 = 1,1088 → + 10,88 %.

Maintenant que vous connaissez par cœur vos tables de multiplication, carrés et cubes, il faut savoir les utiliser au sein d'opérations usuelles telles que les fractions, les puissances, les racines carrées, les calculs de moyennes et les calculs de variations ainsi que les progressions arithmétiques et géométriques.

10. Les fractions

Dans la fraction $\frac{a}{b}$: ***a*** s'appelle le **numérateur**, ***b*** s'appelle le **dénominateur** et ne doit pas être nul ($b \neq \mathbf{0}$).

⚠ **ATTENTION** *a*, *b*, *c* et *d* sont des nombres entiers non nuls.

A. Égalité de fractions

$$\frac{a}{b}=\frac{c}{d} \Leftrightarrow a \times d = b \times c$$

$$a = b \times c \Leftrightarrow b = \frac{a}{c} \Leftrightarrow c = \frac{a}{b} \Leftrightarrow \frac{b}{a}=\frac{1}{c} \Leftrightarrow \frac{c}{a}=\frac{1}{b}$$

B. Additions et soustractions

$$\frac{a}{b}+\frac{c}{b}=\frac{a+c}{b} \qquad \frac{a}{b}+\frac{c}{d}=\frac{a \times d + c \times b}{b \times d} \qquad \frac{a}{b}-\frac{c}{d}=\frac{a \times d - c \times b}{b \times d}$$

⚠ **ATTENTION** Pour additionner et/ou soustraire des fractions, celles-ci doivent être au même dénominateur !

C. Multiplications

$$a \times \frac{b}{c}=\frac{a \times b}{c} \qquad \frac{a}{b} \times \frac{c}{d}=\frac{a \times c}{b \times d} \qquad \frac{1}{a} \times \frac{1}{b}=\frac{1}{a \times b}$$

D. Divisions

$$\frac{\frac{1}{a}}{\frac{1}{b}} = \frac{b}{a} \qquad \frac{\frac{a}{b}}{\frac{c}{d}} = \frac{a}{b} \times \frac{d}{c} \qquad \frac{a}{\frac{b}{c}} = \frac{a \times c}{b}$$

E. Simplification

Pour simplifier une fraction, il faut **diviser le numérateur et le dénominateur par le même nombre.**

Exemple : $\frac{57}{21} = \frac{3 \times 19}{3 \times 7} = \frac{19}{7}$

⚠ **ATTENTION** Toutes les fractions ne sont pas simplifiables (ex. : 13/6 ou 8/9).

11. Puissances

Soit n et p des entiers naturels et A, B et C des nombres réels.

$$A^0 = 1 \qquad A^n \times A^p = A^{n+p} \qquad (A^n)^p = A^{n \times p} \qquad A^n \times A^{-n} = 1$$

$$\frac{A^n}{A^p} = A^{n-p} \qquad A^{-n} = \frac{1}{A^n} \qquad \frac{A^n}{B^n} = \left(\frac{A}{B}\right)^n$$

$$\sqrt[n]{A^p} = A^{p/n} \qquad \sqrt{A} = A^{1/2} \text{ (A positif)} \qquad A^n \times B^n \times C^n = (A \times B \times C)^n$$

12. Identités remarquables

Cinq égalités à connaître par cœur ! Soit A et B deux nombres réels :

$$(A + B)^2 = A^2 + 2AB + B^2 \qquad (A - B)^2 = A^2 - 2AB + B^2$$

$$(A + B)(A - B) = A^2 - B^2$$

$$(A + B)^3 = A^3 + 3A^2B + 3AB^2 + B^3 \qquad (A - B)^3 = A^3 - 3A^2B + 3AB^2 - B^3$$

13. Racines carrées

La racine carrée d'un nombre réel positif A est le nombre positif dont le carré vaut A.

⚠ **ATTENTION** Une racine carrée est toujours positive !

Soient A et B deux nombres réels positifs non nuls et C un nombre réel quelconque :

$$\sqrt{A} = A^{1/2} \qquad \sqrt{A} \times \sqrt{B} = \sqrt{A \times B} \qquad (\sqrt{A})^n = A^{n/2} \qquad \frac{\sqrt{A}}{\sqrt{B}} = \sqrt{\frac{A}{B}}$$

$$\sqrt{A+B} \leq \sqrt{A} + \sqrt{B} \qquad \sqrt{C^2} = C \text{ (si } C \geq 0\text{) ou } -C \text{ (si } C < 0\text{)}$$

▶ **Quelques approximations à connaître :**

$$\sqrt{2} \approx 1{,}414 \qquad \sqrt{3} \approx 1{,}732 \qquad \sqrt{5} \approx 2{,}236$$

$$\sqrt{7} \approx 2{,}646 \qquad \sqrt{10} \approx 3{,}162$$

14. Moyenne arithmétique

Définition : la moyenne arithmétique d'un ensemble de termes est égale à la somme des termes divisée par leur nombre :

$$\text{Moyenne arithmétique} = \frac{\text{Somme des termes}}{\text{Nombre de termes}}$$

15. Moyenne pondérée

Définition : soient n termes $X_1, X_2, X_3 \ldots X_n$ auxquels sont associés des poids respectifs $P_1, P_2, P_3 \ldots P_n$. La moyenne pondérée des n termes est :

$$\text{Moyenne pondérée} = \frac{X_1 \times P_1 + X_2 \times P_2 + X_3 \times P_3 + \ldots + X_n \times P_n}{P_1 + P_2 + P_3 + \ldots + P_n}$$

16. Progression arithmétique

A. Définition

Une **suite arithmétique** est une **suite de termes** dans laquelle chaque terme permet d'obtenir le suivant en lui ajoutant une constante nommée **raison**. Sous forme mathématique, cette définition s'écrit :

$\mathbf{U_n = U_0 + n \times r}$ avec U_0 le **premier terme** de la suite U_n, $\boldsymbol{n}$ le **nombre de termes** de la suite U_n et $\boldsymbol{r}$ la **raison** de la suite U_n.

Exemple : $U_n = 2 + 5n$. La suite arithmétique sera : 2 ; 7 ; 12 ; 17 ; 22 ; 27.

B. Somme des termes d'une suite arithmétique

La somme des termes d'une suite arithmétique est :

$$\frac{1}{2} \times (\text{premier terme} + \text{dernier terme}) \times \text{nombre de termes}$$

Exemple : calculons la somme de tous les nombres suivants : 3 – 8 – 13 – 18 – 23 – 28 – 33 – 38.

Somme = $1/2 \times (3 + 38) \times 8 = 1/2 \times 41 \times 8 = 164$.

C. Cas particulier : la somme des *n* premiers entiers naturels

La somme des N premiers entiers naturels est égale à : $\frac{N \times (N + 1)}{2}$.

Exemple : quelle est la somme de l'ensemble des entiers naturels compris entre 1 et 101 inclus ?

Réponse : $\frac{101 \times 102}{2} = 5\,151$.

D. Astuce : cas particuliers : le nombre de tickets, pages, etc.

Pour connaître le nombre de tickets numérotés de A à B, appliquez la formule suivante :

$$B - A + 1$$

Avec **B le plus grand nombre, A le plus petit nombre**.

Exemple : combien de tickets ai-je vendu sachant que j'ai vendu ceux numérotés du n° 76 au n° 210 ? Réponse : 210 – 76 + 1 = 135 tickets.

17. Progression géométrique

A. Définition

Une **suite géométrique** est une **suite de termes** dans laquelle chaque terme permet d'obtenir le suivant en le multipliant par un coefficient constant nommé **raison**. Sous forme mathématique, cette définition s'écrit :

$\mathbf{U_n = U_0 \times q^n}$ avec $\mathbf{U_0}$ le premier terme de la suite U_n, $\boldsymbol{n}$ le nombre de termes de la suite U_n et $\boldsymbol{q}$ la raison de la suite U_n.

Exemple : $\mathbf{U_n = 5 \times 3^n}$**.** La suite géométrique sera : 5 ; 15 ; 45 ; 135 ; 405 ; 1 215.

B. Somme des termes d'une suite géométrique

La somme des termes d'une suite géométrique est :

$$\text{Premier terme} \times \frac{q^{\text{nombre de termes}} - 1}{q - 1}$$

Exemple : calculons la somme de tous les nombres suivants : 3 – 12 – 48 – 192 – 768.

Somme : $3 \times \frac{4^5 - 1}{4 - 1} = 3 \times \frac{1\,024 - 1}{3} = 1\,023$.

18. Équations

Équation du **premier degré** : $3X = 45 \Leftrightarrow X = 45/3 \Leftrightarrow \mathbf{X = 15}$

Équation du **second degré** : $2X^2 = 162 \Leftrightarrow X^2 = \frac{162}{2} \Leftrightarrow X^2 = 81$, donc **X = 9 ou – 9**

Équation du **second degré** de la forme : $aX^2 + bX + c = 0$

- **ÉTAPE 1 : Calculez le delta : $\Delta = b^2 - 4ac$**
- **ÉTAPE 2 : Étudiez le signe $\Delta \rightarrow$ 3 possibilités :**

1. Si $\Delta < 0$, alors l'équation n'a **aucune solution**.
2. Si $\Delta = 0$, alors l'équation n'a qu'**une seule solution :** $X = \frac{-b}{2a}$.
3. Si $\Delta > 0$, alors l'équation a 2 solutions : $X_1 = \frac{-b-\sqrt{\Delta}}{2a}$ et $X_2 = \frac{-b+\sqrt{\Delta}}{2a}$.

19. Inéquations

Exemple de résolution d'inéquation :

$2Y > 32 - 6X \Leftrightarrow 8X > 32 \Leftrightarrow X > 32/8 \Leftrightarrow \mathbf{X > 4}$

Si $a > b$, alors $-a < -b$ (inversement de signe !)

Si $a > b$ alors $\frac{1}{a} < \frac{1}{b}$ (inversement de signe !)

20. Équations liées, incompatibles et indépendantes

1. Des équations **liées** sont des équations donnant **exactement la même information**.

Exemple : $3X + 3Y = 16 \Leftrightarrow 3(X + Y) = 4^2$

2. Des équations **incompatibles** sont 2 équations donnant **2 informations contradictoires.**

Exemple : $X - Y = 5$ et $2X - 2Y = 0$

3. Des équations **indépendantes** sont des équations qui ne sont **ni liées ni incompatibles**.

Exemple : $X + 4Y + 3Z = 28$ et $X + Y = 6$

21. Opérations autorisées

RAPPEL sur les opérations autorisées dans un système d'équations :

- **Ajouter** la même quantité aux 2 membres : $X - Z = Y \Leftrightarrow X - Z + 12 = Y + 12$
- **Soustraire** la même quantité aux 2 membres : $X - Z = Y \Leftrightarrow X - Z - 8 = Y - 8$
- **Multiplier** les 2 membres par la même quantité : $X - Z = Y \Leftrightarrow -2 \times (X - Z) = -2Y$
- **Diviser** les 2 membres par la même quantité non nulle : $X - Z = Y \Leftrightarrow \frac{X-Z}{3} = \frac{Y}{3}$

⚠ ATTENTION Dans une **inéquation**, vous devez **inverser** le sens de l'inégalité si vous **multipliez ou divisez par une quantité négative**. Exemple : $X > Y \Leftrightarrow -2X < -2Y$.

RAPPEL des opérations possibles entre les différentes équations d'un même système d'équations :

- **Additionner, soustraire, multiplier et diviser** 2 équations est autorisé.

⚠ ATTENTION Une seule opération est autorisée **entre 2 inéquations**. Vous ne pouvez que les **additionner/soustraire** et **à condition qu'elles soient dans le même sens**, *i.e.* $>$ et $>$, $<$ et $<$, $\geq$ et $\geq$ ou $\leq$ et $\leq$.

22. Systèmes d'équations

⚠ ATTENTION Pour qu'il y ait une solution, il faut que **le nombre d'inconnues soit égal au nombre d'équations indépendantes et linéaires**.

Dès lors qu'un système est composé d'équations indépendantes, il existe **3 méthodes** pour le résoudre :

A. Par combinaison

- ÉTAPE 1 : **Trouvez X (ou Y) :**

$$\begin{cases} 0{,}5X + 2Y = 12 & \text{Ligne 1} \\ 1{,}5X + Y = 8 & \text{Ligne 2} \end{cases}$$

$$\begin{cases} 0{,}5X + 2Y = 12 & \text{Ligne 1} \\ 3X + 2Y = 16 & \text{Ligne 2} \times 2 \end{cases}$$

$3X + 0Y = 4$	Ligne 2 – Ligne 1 (afin d'éliminer les Y et d'avoir une seule inconnue X)
$\mathbf{X = 4/3}$	Puis, on intègre X dans la ligne 1 (ou la ligne 2) afin de calculer Y.

▶ ÉTAPE 2 : **Trouvez Y (ou X) à partir de X (ou Y) connu :**

$2/3 + 2Y = 12 \Leftrightarrow \mathbf{Y = 17/3}$.

B. Par substitution

▶ ÉTAPE 1 : Isolez une des inconnues, X ou Y :

$\begin{cases} 2X + Y = 2{,}1 \\ X + 3Y = 3{,}05 \end{cases}$	Ligne 1 Ligne 2
$\begin{cases} Y = 2{,}1 - 2X \\ X + 3(2{,}1 - 2X) = 3{,}05 \end{cases}$	On isole Y. On substitue Y par la valeur trouvée en Ligne 1.
$\begin{cases} Y = 2{,}1 - 2X \\ \mathbf{X = 0{,}65} \end{cases}$	Ligne 1 On trouve X.

▶ ÉTAPE 2 : **Trouvez Y (ou X) à partir de X (ou Y) connu :**

$Y = 2{,}1 - 2X \Leftrightarrow Y = 2{,}1 - 2(0{,}65) \Leftrightarrow \mathbf{Y = 0{,}8}$.

C. Par soustraction/addition

Prenons l'exemple de la méthode par soustraction (le raisonnement pour la méthode par addition est identique).

$\begin{cases} 2X + 4Y = 8 \\ \mathbf{2X + 2Y = 2} \end{cases}$	Ligne 1 Ligne 2

▶ ÉTAPE 1 : Soustraire les membres de la Ligne 2 et les membres de la Ligne 1 :

$(2X + 2Y) - (2X + 4Y) = 2 - 8 \Leftrightarrow -2Y = -6 \Leftrightarrow \mathbf{Y = 3}$.

▶ ÉTAPE 2 : **Trouvez Y (ou X) à partir de X (ou Y) connu :**

$2X + 4Y = 8 \Leftrightarrow 2X + 4(3) = 8 \Leftrightarrow \mathbf{X = -2}$.

8 Logique numérique

Unités de conversions et vitesse/temps/distance

Une étape parfois essentielle dans la résolution d'un problème algébrique du test SESAME est la conversion d'unités. En effet, les données sont généralement énoncées dans des unités différentes. Ces tableaux sont donc à connaître par cœur !

1. Unités de longueur (distance entre deux points)

km	Kilomètre	1 000 m
hm	Hectomètre	100 m
dam	Décamètre	10 m
m	Mètre	1 m
dm	Décimètre	0,1 m
cm	Centimètre	0,01 m
mm	Millimètre	0,001 m
nm	Nanomètre	10^{-9} m

Les multiples vont de 10 en 10 car l'unité est le mètre qui est de dimension 1 (puissance 1).

2. Unités d'aire (mesure d'une surface)

km^2	Kilomètre carré	10^6 m^2
hm^2	Hectomètre carré	10^4 m^2
dam^2	Décamètre carré	10^2 m^2
m^2	Mètre carré	1 m^2
dm^2	Décimètre carré	10^{-2} m^2
cm^2	Centimètre carré	10^{-4} m^2
mm^2	Millimètre carré	10^{-6} m^2

Les multiples vont de 10^2 en 10^2 car l'unité est le mètre carré qui est de dimension 2 (puissance 2).

⚠ ATTENTION Lors de vos conversions d'aires, si vous décidez de vous appuyer sur un tableau de conversion, n'oubliez pas de tracer **DEUX** colonnes par unité !

3. Unités agraires (mesure de surfaces agricoles)

1 are	1 a	100 m^2
1 hectare	1 ha	10 000 m^2
1 centiare	1 ca	1 m^2
1 verge	0,25 a	
1 préau	30 a	

4. Unités de volume (mesure de l'extension dans l'espace)

km^3	Kilomètre cube	10^9 m^3
hm^3	Hectomètre cube	10^6 m^3
dam^3	Décamètre cube	10^3 m^3
m^3	Mètre cube	1 m^3
dm^3	Décimètre cube	10^{-3} m^3
cm^3	Centimètre cube	10^{-6} m^3
mm^3	Millimètre cube	10^{-9} m^3

Les multiples vont de 10^3 en 10^3 car l'unité est le mètre cube qui est de dimension 3 (puissance 3).

⚠ ATTENTION Lors de vos conversions de volumes, si vous décidez de vous appuyer sur un tableau de conversion, n'oubliez pas de tracer **TROIS** colonnes par unité !

5. Unités de capacité (volume de liquide ou de gaz)

kL	Kilolitre	1 000 L
hL	Hectolitre	100 L
daL	Décalitre	10 L
L	Litre	1 L
dL	Décilitre	0,1 L
cL	Centilitre	0,01 L
mL	Millilitre	0,001 L

À retenir :

1 kL = 1 m^3 = 1 000 L
1 L = 1 dm^3 = 1 000 cm^3
1 mL = 1 cm^3

6. Unités de masse

kg	Kilogramme	1 000 g
hg	Hectogramme	100 g
dag	Décagramme	10 g
g	Gramme	1 g
dg	Décigramme	0,1 g
cg	Centigramme	0,01 g
mg	Milligramme	0,001 g

1 tonne = T = 1 000 kg

1 quintal = q = 100 kg

7. Unités de temps

Les conversions suivantes sont à connaître par cœur :

1 h = 60 min

1 min = 60 sec

1 h = 3 600 sec

1 jour = 24 h = 1 440 min

0,1 h = 6 min

1/6 h = 10 min

1/5 h = 12 min

1/4 h = 15 min

1/3 h = 20 min

1/2 h = 30 min

1 an = 365 jours (366 pour les années bissextiles, e.g. 2012, 2016…)

⚠ ATTENTION Sont **bissextiles** les années :

- soit divisibles par 4 mais non divisibles par 100 ;
- soit divisibles par 400.

8. V, T et D

Les questions concernant la vitesse, le temps et la distance peuvent être résolus à partir des trois écritures d'une même équation :

$$V = \frac{D}{T} \Leftrightarrow D = V \times T \Leftrightarrow T = \frac{D}{V}$$

Posez-vous la question de savoir quelle variable vous cherchez : la vitesse, la distance ou le temps ?

Utilisez les mêmes unités dans vos formules ! Les **secondes** (temps) et les **mètres** (distance) avec les **m/sec** (vitesse) et les **heures** (T) et les **km** (D) avec les **km/h** (V).

⚠ **ATTENTION** 2 h 45 min ≠ 2,45 heures ! 2 h 45 min = 2,75 heures.

ASTUCE Multiplier par 3,6 pour passer de m/sec en km/h. Diviser par 3,6 pour passer de km/h en m/sec.

9. Le tableau VTD

Pour vous aider à ne pas « mélanger » les données de l'énoncé, nous vous conseillons de construire un tableau et de remplir les cases au fur et à mesure de la lecture de la question :

	V	T	D
Acteur 1	V_1	T_1	D_1
Acteur 2	V_2	T_2	D_2

10. Vitesse moyenne

Aller-retour : pour calculer la vitesse moyenne d'un élément effectuant l'aller (D_1) d'un parcours à une vitesse moyenne de V_1 et le retour ($D_1 = D_2$) à une vitesse moyenne de V_2 :

$$\text{Vitesse moyenne sur l'aller-retour } (D_1 = D_2) = \frac{2 \times V_1 \times V_2}{V_1 + V_2}$$

11. Cas de rattrapage

Les questions de rattrapage consistent à calculer **le temps** ou **la distance** nécessaire pour qu'**un élément A rattrape un élément B** parti avant lui. Pour cela : $\mathbf{V_A > V_B}$ et $\mathbf{D_A > D_B}$ car lorsque A rattrape B, les deux éléments auront effectué la même distance. Dès lors, nous pouvons calculer le temps ou la distance pour que A rattrape B selon la formule **V = D/T.**

Question : Margot (M) part en voiture de Paris vers Lyon à 12 heures à la vitesse de 60 km/h. Yousra (Y) part de Paris à 14 heures en direction de Lyon à la vitesse de 84 km/h. À quelle heure et à quelle distance de Paris Yousra va-t-elle rattraper Margot ?

▶ **ÉTAPE 1 :** $\mathbf{D = V \times T} \Leftrightarrow D_Y = V_Y \times T_Y \Leftrightarrow D_M = V_M \times T_M$

▶ **ÉTAPE 2 :** $D_Y = D_M \Leftrightarrow V_Y \times T_Y \Leftrightarrow V_M \times T_M \Leftrightarrow 84 \times T_Y = 60 \times (T_Y + 2 \text{ heures})$

▶ **ÉTAPE 3 :** $\mathbf{T_Y = 120/24 = 5}$ **heures, soit** $\mathbf{D = 5 \times V_Y = 5 \times 84 = 420}$ **km.**

Sachant que Yousra est partie de Paris à 14 heures, elle rattrapera donc Margot à : 14 + 5 = 19 h.

ASTUCE Vous auriez aussi pu raisonner en vous appuyant sur la **<u>vitesse de rattrapage</u>** *(vitesse du rattrapant – vitesse du rattrapé)* : « $V_Y - V_M$ ». Yousra roulant à 84 km/h et Margot à 60 km/h, Yousra refait 24 km sur Margot à chaque heure qui passe (= 84 – 60). Ainsi, au moment du départ de Yousra, Margot a roulé 2 heures à 60 km/h, soit 120 km.

▶ $T_{\text{Rattrapage}} = \dfrac{V_{\text{Rattrapage}}}{D_{\text{Rattrapage}}} = \dfrac{120}{24} =$ **5 heures** pour que Yousra rattrape Margot.

12. Cas de croisement

Le cas de croisement concerne 2 éléments A et B partant de 2 endroits éloignés d'une distance D et faisant le trajet opposé l'un de l'autre.

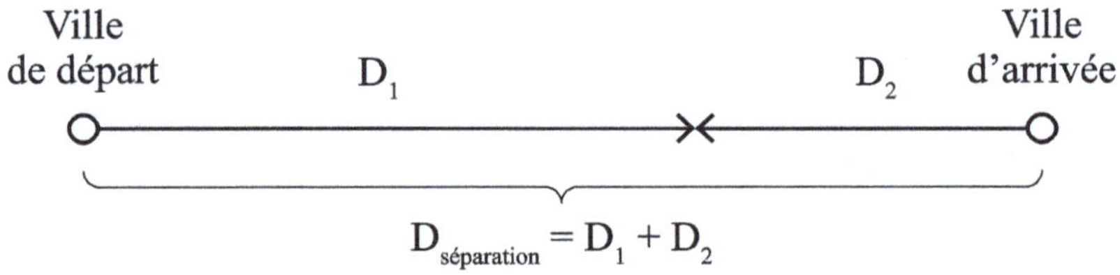

Question : Un train part de Auxerre en direction de Marseille à 11 h et roule à 180 km/h. À la même heure, un train part de Marseille en direction d'Auxerre et roule à 120 km/h. À quelle distance d'Auxerre les trains vont-ils se croiser, sachant que les deux villes sont éloignées de 600 km ?

<u>Réponse</u> : la question porte sur l'inconnue D_{Auxerre}.

On sait que $D_{\text{Auxerre}} + D_{\text{Marseille}} = 600$ et que comme les trains se croisent au même moment :

$T_{\text{Auxerre}} = T_{\text{Marseille}}$ soit $\dfrac{D_A}{V_A} = \dfrac{D_M}{V_M}$.

$$\Leftrightarrow \frac{D_A}{180} = \frac{600\text{ km} - D_A}{120} \Leftrightarrow 120D_A = 180(600 - D_A) \Leftrightarrow 120D_A = 108\,000 - 180D_A.$$

$$\Leftrightarrow 300D_A = 108\,000 \Leftrightarrow D_A = \frac{108\,000}{300} = \mathbf{360\text{ km}}.$$

9 Logique numérique
Mathématiques financières et analyse combinatoire

1. Mathématiques financières

Quatre variables entrent en jeu dans le calcul du capital et des intérêts :

- Le **capital initial** : somme d'argent investie au départ, notée $\mathbf{C_0}$.
- La **durée de placement** : nombre de périodes de capitalisation (années, mois, etc.), noté $\boldsymbol{n}$.
- Le **capital final** : valeur acquise par le capital de départ au bout de $\boldsymbol{n}$ périodes de placement, notée $\mathbf{C}_n$.
- Le **taux d'intérêt variable ou fixe** du placement, noté $\boldsymbol{r}$, souvent exprimé en pourcentage.

A. Les intérêts simples

Un placement de capital avec des intérêts simples signifie que le taux d'intérêt ne s'applique que sur le capital initial C_0. **Les intérêts ne sont pas réinvestis :** il n'y a donc pas d'intérêts sur les intérêts et les intérêts sont ainsi **toujours constants d'une période à l'autre** :

$$\mathbf{C}_n = \mathbf{C}_0 \times (1 + n \times r)$$

Les **intérêts simples** sont calculés à chaque période par la formule :

$$r \times \mathbf{C}_0$$

La **somme des intérêts gagnés** au cours de n périodes :

$$n \times r \times \mathbf{C}_0 = \mathbf{C}_n - \mathbf{C}_0$$

Exemple : Pedro investit 200 € à un taux d'intérêt simple fixe de 2 % pendant 3 ans. Quel sera le gain final de cet investissement ?

- $\mathbf{C}_n = \mathbf{C}_0 \times (1 + n \times r)$ = 200 € × (1 + 2 % × 3) = 200 € × 1,06 = **212 €**.
- **Calcul du gain final :** $\mathbf{C}_n - \mathbf{C}_0$ = 212 – 200 = **12 €.**

B. Les intérêts composés

Un placement de capital avec des intérêts composés signifie que le montant des **intérêts à la fin de chaque période est réinvesti** (s'ajoute au capital initial) : **il y aura des intérêts sur les intérêts.** Ainsi :

$$C_n = C_0 \times (1+r)^n \quad \text{et} \quad C_{n+1} = C_n \times (1+r)$$

Exemple : Ugo investit 1 000 € à un taux d'intérêt composé fixe de 10 % pendant 2 ans. Quel sera le montant du capital final de Ugo ?

- **Calcul du capital final :** $C_2 = C_0 \times (1 + 10\ \%)^2 = 1\ 000\ € \times 1{,}21 = \mathbf{1\ 210\ €}$.

ASTUCE Quel est le carré de 11 ? 121, d'où $1{,}1^2 = 1{,}21$. Apprenez vos carrés et cubes par cœur !

2. Analyses combinatoires

A. Opérations sur les événements

1. **L'intersection $A \cap B$** : l'événement est un résultat commun de **l'événement A et de l'événement B.**
2. **L'union $A \cup B$** : l'événement est un résultat de **l'événement A ou de l'événement B** :

$$A \cup B = A + B - (A \cap B)$$

3. **Le contraire de l'événement A, noté $\overline{A}$,** est l'ensemble des résultats réalisés dès que A n'est pas réalisé.

ATTENTION Si A et B sont disjoints (*i.e.* ils n'ont aucun élément en commun), alors :

- $(A \cup B) = A + B$ et $(A \cap B) = \emptyset$ (= la probabilité est nulle)
- $A = (A \cup B) - B$

B. Probabilités

La probabilité (**notée P**), **toujours comprise entre 0 et 1**, correspond à l'évaluation du nombre de cas réalisables d'un événement aléatoire par rapport au nombre total de cas possibles équiprobables.

$$\text{Probabilité} = P = \frac{\text{Nombre de cas réalisables}}{\text{Nombre total de cas possibles équiprobables}}$$

$\mathbf{P(A \cup B) = P(A) + P(B) - P(A \cap B)}$ et $\mathbf{P(\overline{A}) = 1 - P(A)}$

PROBABILITÉ CONDITIONNELLE :

Soit deux évènements A et B avec $P(B) \neq 0$:

- **La probabilité conditionnelle** de A sachant B :

$$P_B(A) = \frac{P(A \cap B)}{P(B)}$$

- Si les événements sont **indépendants**, alors :

$$P(A \cap B) = P(A) \times P(B)$$

- Si A et B sont deux **évènements non impossibles** (*i.e.* $P(A) \neq 0$ et $P(B) \neq 0$), alors :

$$P(A \cap B) = P_B(A) \times P(B) = P_A(B) \times P(A)$$

C. Combinatoire

1. **P-Listes :** pour calculer le nombre de combinaisons **simultanées de *p* éléments parmi *n* éléments** avec **répétition possible** (une p-liste peut contenir plusieurs fois le même élément de *n*), appliquez : n^p.

Exemple : combien y a-t-il de nombres de 5 chiffres ne comportant aucun 9 ?

Réponse : un nombre de 5 chiffres ne comportant aucun 9 est une 5-liste d'éléments de : $n = \{0, 1, 2, 3, 4, 5, 6, 7, 8\}$. Ainsi : $9^5 = 59\,049$ nombres.

ASTUCE Souvent, vous n'aurez pas besoin de calculer 9^5, cela serait trop long ! Remarquez que $9^5 = 9^2 \times 9^2 \times 9 = 81 \times 81 \times 9$. Ainsi vous savez que la réponse se termine par : $1 \times 1 \times 9 = 9$. Si une seule des 4 réponses se termine par 9, vous savez que c'est la bonne.

2. **Combinaisons :** pour calculer le nombre de combinaisons **simultanées** de ***p*** éléments parmi ***n*** éléments distincts (**l'ordre de déroulement des événements n'a pas d'importance**), appliquez la formule :

$$\mathbf{C}_n^p = \binom{n}{p} = \frac{n!}{p! \times (n-p)!}$$

Exemple : soit une loterie avec 50 inscrits. Les 5 gagnants sont tirés au hasard et gagnent 20 € chacun. Quel est le nombre de combinaisons de gagnants possibles ?

Réponse : chacun gagnant la même somme, l'ordre n'a pas d'importance. Ainsi :

$$C_{50}^5 = \frac{50!}{5! \times (50-5)!} = \frac{50!}{5! \times 45!} = \frac{50 \times 49 \times 48 \times \ldots \times 2 \times 1}{(5 \times 4 \times 3 \times 2 \times 1) \times (45 \times 44 \times \ldots \times 2 \times 1)}$$

3. Arrangements : pour calculer le nombre de combinaisons **successives** de ***p*** éléments parmi ***n*** éléments distincts (**l'ordre de déroulement des événements a une importance**), appliquez la formule :

$$\mathbf{A}_n^p = \frac{n!}{(n-p)!}$$

Exemple : soit une loterie avec 50 inscrits. Les 3 gagnants sont tirés au hasard. Le premier gagne 30 €, le deuxième 15 € et le dernier 5 €. Quel est le nombre de combinaisons de gagnants possibles ?

Réponse : les lots étant différents, l'ordre a une importance. Ainsi :

$$A_{50}^3 = \frac{50!}{(50-3)!} = \frac{50 \times 49 \times 48 \times \ldots \times 2 \times 1}{47 \times 46 \times 45 \times \ldots \times 2 \times 1}$$

4. Permutations/Calcul d'anagrammes (mot obtenu par la permutation des lettres d'un autre mot) :

$$\text{Nombre d'anagrammes} = \frac{(\text{Nombre total de lettres})!}{(\text{Répétition de la lettre 1})! \times \ldots \times (\text{Répétition de la lettre } n)!}$$

Exemple : combien d'anagrammes au total (ayant un sens ou non) peut-on former avec les lettres du mot SUCCEDER ?

Réponse : il y a 8 lettres dans le mot SUCCEDER, donc $n = 8$. La lettre C se répète 2 fois, la lettre E 2 fois, et les autres 1 seule fois (on ne tient pas compte des facteurs 1 car multiplier par 1 ne change pas le résultat). En appliquant la formule, le nombre d'anagrammes est donc de :

$$\frac{8!}{2! \times 2!} = \frac{8 \times 7 \times 6 \times 5 \times 4 \times 3 \times 2}{(2 \times 1)(2 \times 1)} = \mathbf{10\ 080}.$$

10 Logique numérique

Géométrie

1. Vocabulaire à connaître

A. Figures particulières

- **Pentagone :** figure à 5 côtés.
- **Pentagone régulier (1) :** pentagone possédant 5 côtés égaux.
- **Hexagone :** figure à 6 côtés.
- **Hexagone régulier (2) :** hexagone possédant 6 côtés égaux.
- **Heptagone :** figure à 7 côtés.
- **Heptagone régulier (3) :** heptagone possédant 7 côtés égaux.
- **Octogone :** figure à 8 côtés.
- **Octogone régulier (4) :** octogone possédant 8 côtés égaux.

(1) 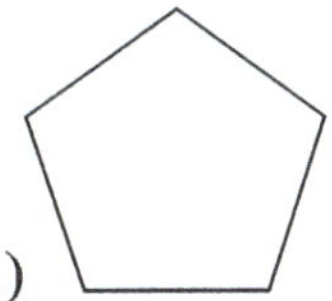
(2) 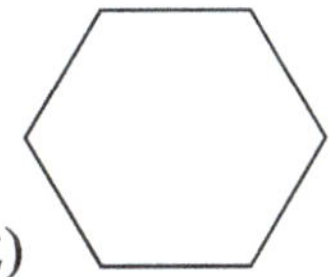
(3) 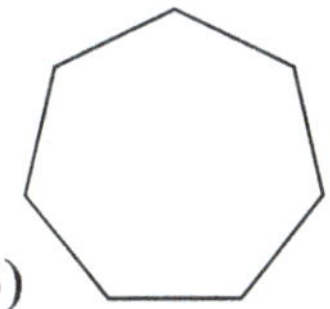
(4) 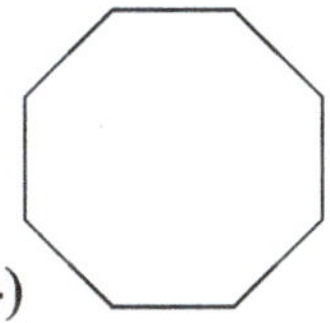

B. Autre vocabulaire

- **Médiatrice :** droite coupant perpendiculairement un segment en son milieu.

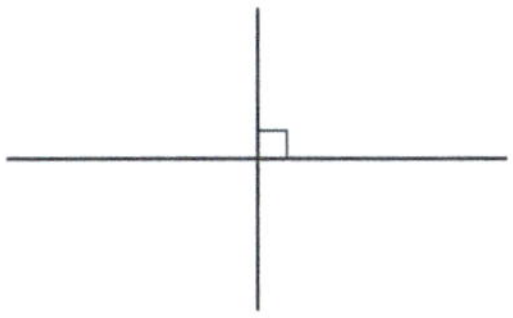

- **Bissectrice :** droite coupant un angle en 2 angles égaux.

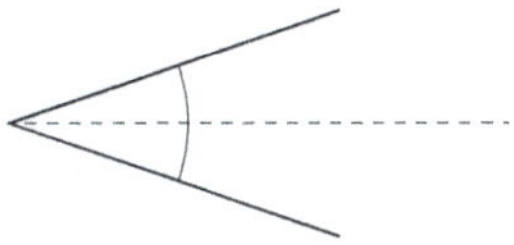

- **Médiane :** droite joignant le sommet d'un triangle au milieu du côté opposé.

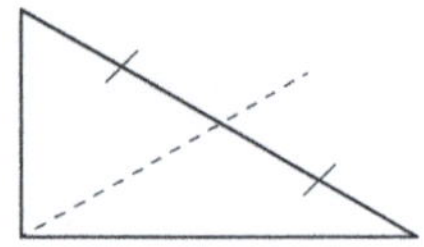

- **Hauteur :** segment d'un triangle perpendiculaire à un côté et passant par le sommet opposé

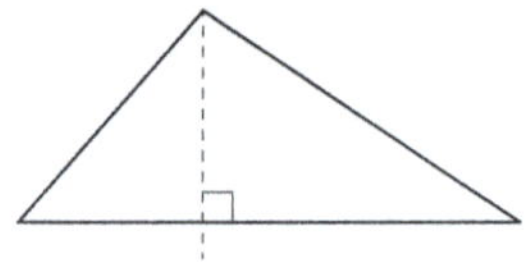

2. Périmètres (P) et aires (A)

A. Carré de côté ***c*** :

Périmètre = $4c$

Aire = c^2

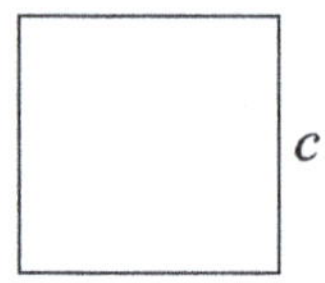

B. Rectangle de longueur **L** et de largeur ***l*** :

Périmètre = $2(L + l)$

Aire = $L \times l$

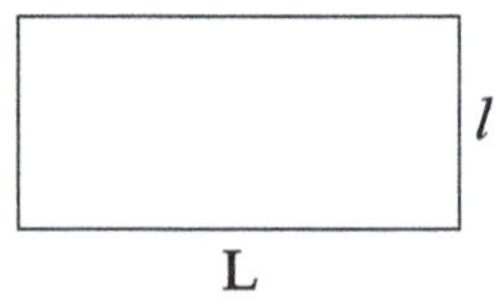

C. Triangle de base ***b*** et de hauteur ***h*** :

Périmètre = somme des 3 côtés

$$\text{Aire} = \frac{\text{base} \times \text{hauteur}}{2}$$

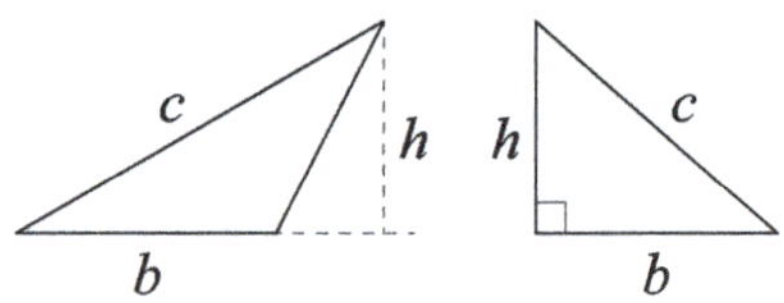

D. Parallélogramme de base ***b*** et de hauteur ***h*** :

Périmètre = somme des 4 côtés

Aire = base × hauteur

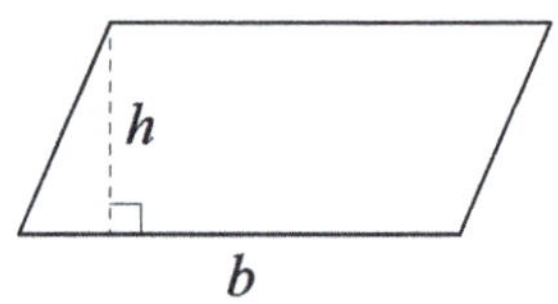

E. Trapèze de grande base **B**, de petite base ***b*** et de hauteur ***h*** :

Périmètre = somme des 4 côtés

$$\text{Aire} = \frac{(B + b) \times h}{2}$$

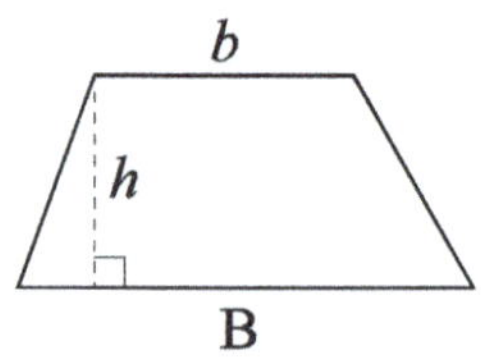

F. Cercle de rayon ***r*** :

Périmètre = $2 \times \pi \times r$

Aire = $\pi \times r^2$

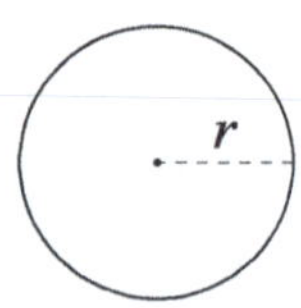

G. Arc de cercle de rayon ***r*** et d'angle ***a*** :

Périmètre = $2 \times \pi \times r \times \frac{a}{360}$

Aire d'une **PORTION de disque** = $\pi \times r^2 \times \frac{a}{360}$

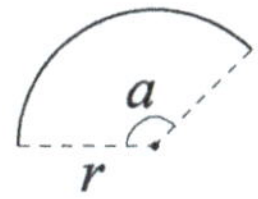

H. Losange de côté ***c***, de petite diagonale ***d*** et de grande diagonale **D** :

Périmètre = 4***c***

Aire = $\frac{d \times D}{2}$

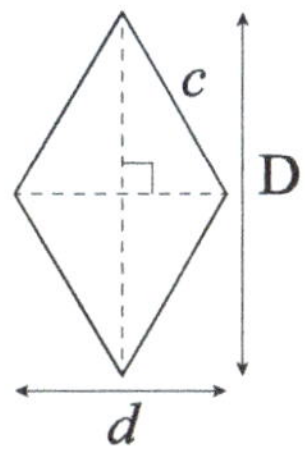

3. Volumes et aires latérales

L'**aire latérale** d'une figure correspond à la **somme des aires de tous les côtés de la figure**.

A. Parallépipède rectangle (pavé droit)

Volume = $L \times l \times h$

Aire latérale = $2 \times (L \times l + l \times h + L \times h)$

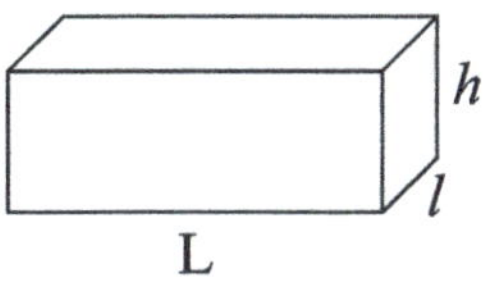

B. Cube (côté ***c***) :

Volume = c^3

Aire latérale = $6c^2$

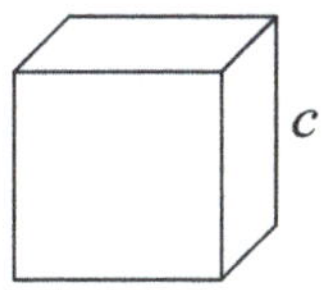

C. Cône (hauteur ***h*** et rayon ***r***) :

Volume = $1/3 \times \pi \times r^2 \times h$

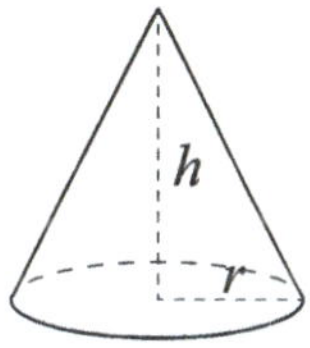

D. Sphère (rayon ***r***) :

Volume = $4/3 \times \pi \times r^3$

Aire latérale = $4 \times \pi \times r^2$

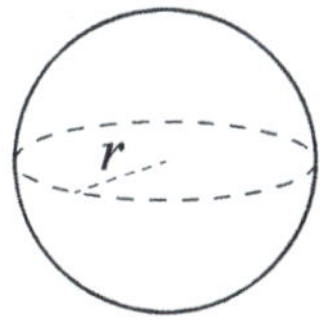

E. Cylindre (hauteur ***h*** et rayon ***r***) :

Volume = $\pi \times r^2 \times h$

Aire latérale = $2\pi \times r \times h$

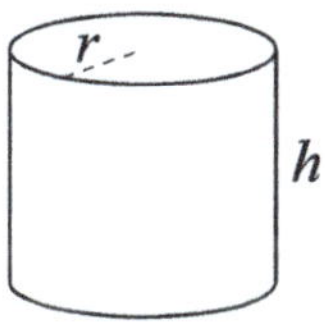

4. Théorème de Pythagore

Dans un triangle rectangle, le carré de la longueur de l'hypoténuse est égal à la somme des carrés des longueurs des deux autres côtés. La formule du théorème est donc : $\boldsymbol{a^2 + b^2 = c^2}$.

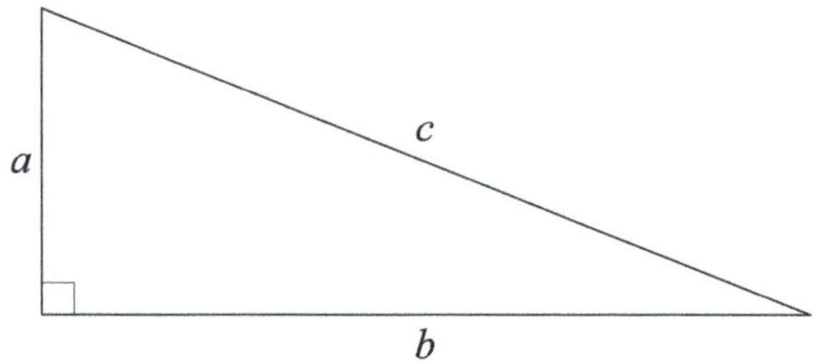

Réciproque du théorème de Pythagore : si $a^2 + b^2 = c^2$, alors le triangle est rectangle.

ASTUCE 4 triangles pythagoriciens (les longueurs sont des entiers naturels) qui sont à connaître par cœur :

- $a = 3, b = 4, c = 5$
- $a = 6, b = 8, c = 10$
- $a = 5, b = 12, c = 13$
- $a = 8, b = 15, c = 17$

5. Théorème de Thalès

Le théorème de Thalès affirme que, dans un plan, toute droite **parallèle** à l'un des côtés d'un triangle sépare ce dernier en un triangle de **proportions identiques**. La formule du théorème est donc :

$$\frac{AC}{AD} = \frac{AB}{AE} = \frac{CB}{DE} \qquad \frac{BC}{AD} = \frac{EC}{EA} = \frac{BE}{ED}$$

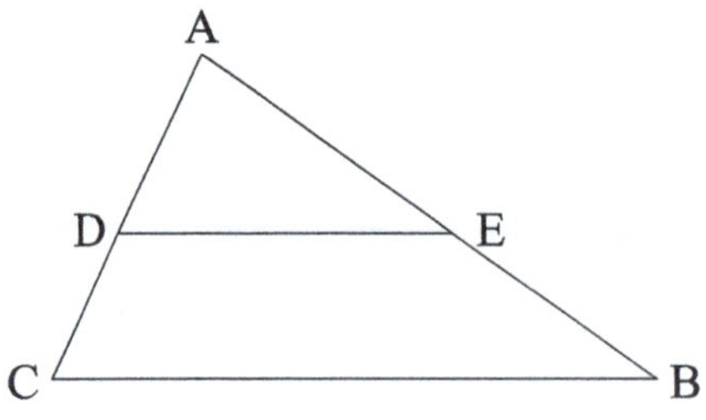

ou

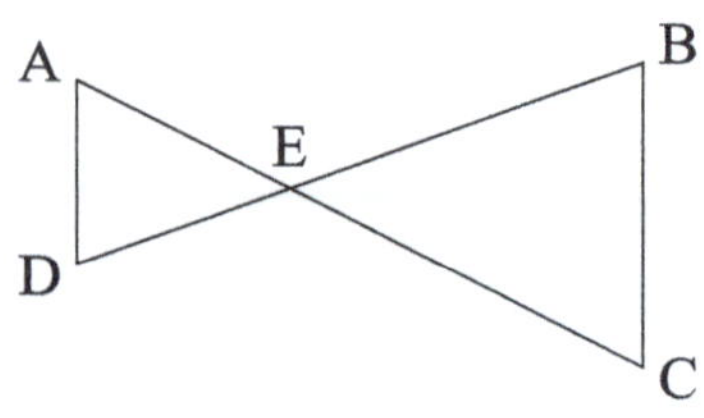

6. Astuces et propriétés géométriques

A. Les angles alternes internes

Si deux droites parallèles sont toutes les deux coupées par une même autre droite, les angles formés sont égaux deux à deux ($x_1 = x_2$, $x_3 = x_4$, $x_5 = x_6$, $x_7 = x_8$).

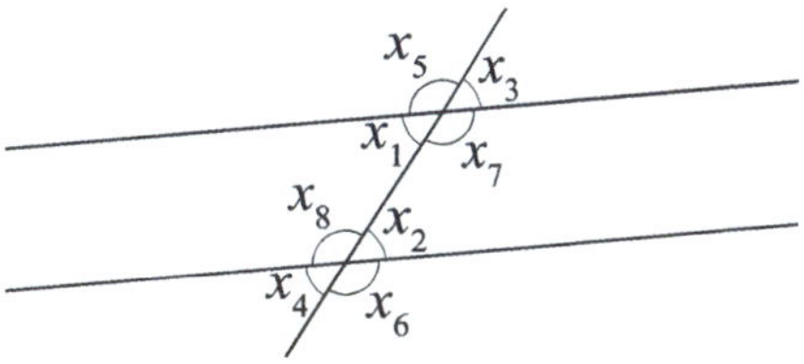

B. Les angles opposés par le sommet

Lorsque deux droites se croisent, elles forment des angles opposés par le sommet et égaux deux à deux ($x_1 = x_2$, $x_3 = x_4$).

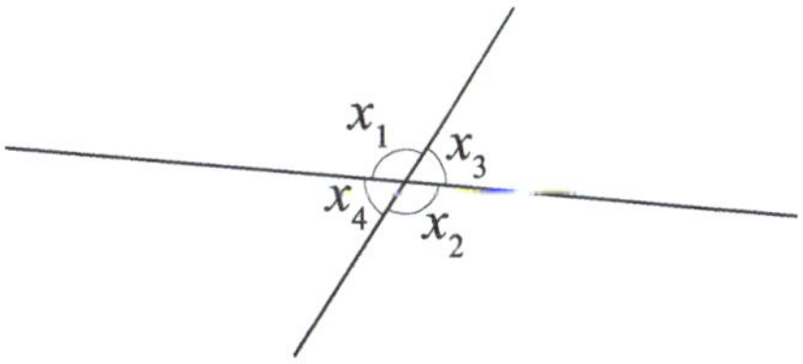

C. Triangle inscrit dans un cercle

Tout **triangle inscrit dans un cercle** (*i.e.* que les 3 sommets se trouvent sur le contour du cercle) et dont un des côtés est le diamètre est un **triangle rectangle**.

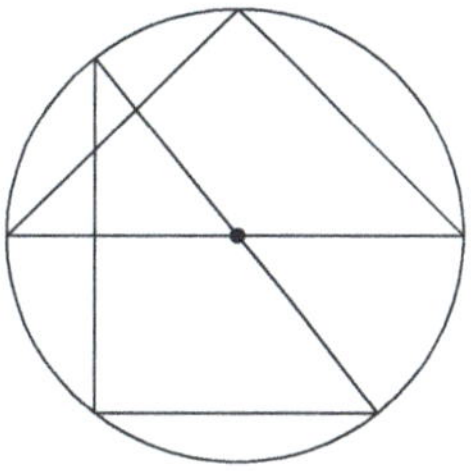

D. Hauteur et arête d'un cube

Dans un cube :

- 1 côté d'une face (= carré) = 1 arête.
- Soit X la longueur d'un côté d'une face, alors la diagonale (= **bissectrice** : droite qui coupe l'angle en 2 angles égaux) d'une face = $\mathbf{X\sqrt{2}}$.

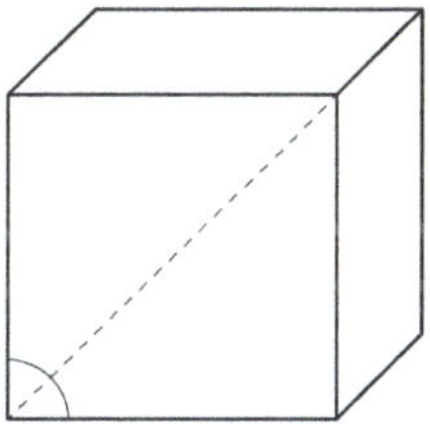

E. Triangle rectangle = 1/2 rectangle

Un triangle rectangle correspond à la moitié d'un rectangle.

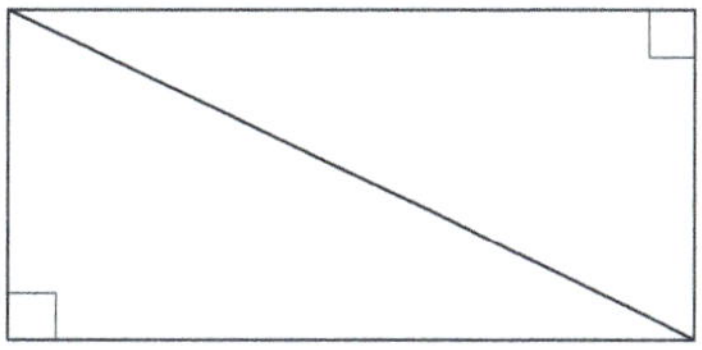

F. Triangle équilatéral

Toutes les données d'un triangle équilatéral (aire, périmètre, hauteur, médiane, bissectrice, médiatrice, etc.) **sont déductibles** avec le théorème de Pythagore si vous connaissez **la longueur d'un côté**.

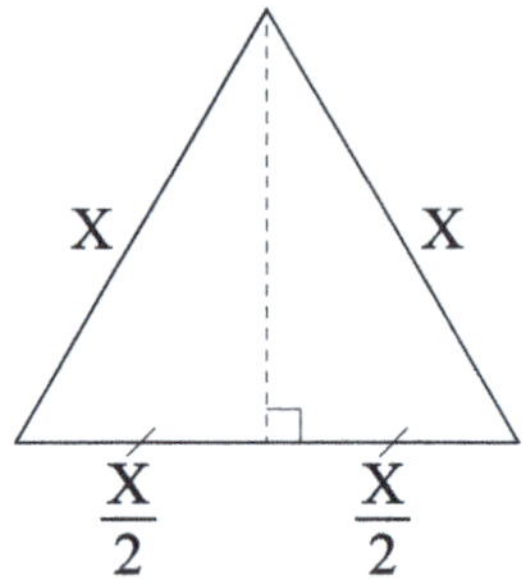

G. Hexagone régulier

- La somme des angles est égale à 720°.
- Un hexagone régulier est composé de 6 triangles équilatéraux.
- Les angles opposés sont égaux.

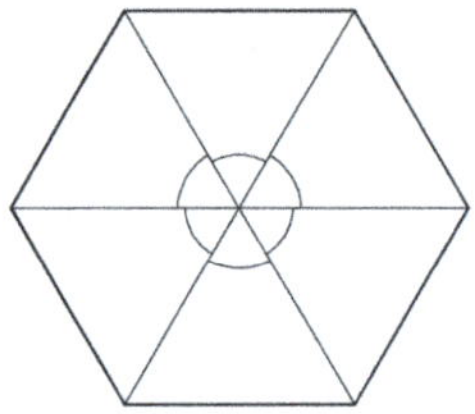

H. Triangle isocèle ou équilatéral

Dans un triangle isocèle ou équilatéral, l'**aire** de la partie à gauche de la bissectrice d'un angle (**S_1**) est **identique** à l'aire de la partie à droite (**S_2**).

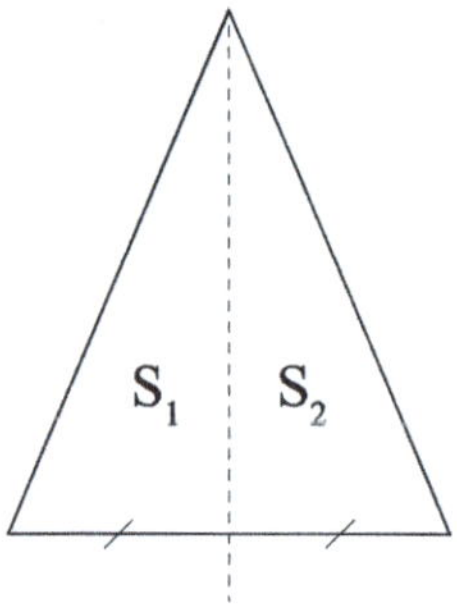

I. Cercle inscrit dans un triangle rectangle

Pour calculer la longueur du rayon d'un cercle inscrit dans un triangle rectangle, appliquez la formule suivante :

$$\text{Rayon} = \frac{2 \times \text{Surface du triangle}}{\text{Périmètre du triangle}}$$

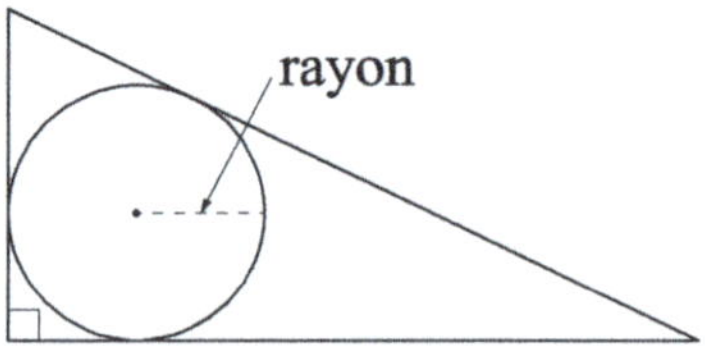

11 Logique verbale

Analogies

1. Présentation des analogies

Vous serez régulièrement amenés à travailler sur des analogies dans les épreuves de logique de raisonnement.

À travers les analogies, les recruteurs affichent clairement leur volonté de tester tout à la fois votre capacité à raisonner de façon rigoureuse et votre culture générale.

A. Qu'est-ce qu'une analogie ?

Le site Internet *Wikipedia* offre une définition de l'analogie fort convaincante.

> Le terme *analogie* désigne une similitude entre des choses ou des idées de nature différente. Une analogie est une ressemblance.
>
> L'analogie – du grec ἀναλογία « proportion mathématique » – est une ressemblance perçue comme non fortuite entre deux éléments. Il y a par exemple une analogie de nom entre *astronomie* et *astrologie*, qui indique leur parenté étymologique.
>
> Par extension, le raisonnement par analogie est donc **un raisonnement par association d'idées, combinaison et synthèse**.

Les **analogies** sont omniprésentes dans le langage courant : la comparaison, la métaphore, l'allégorie, la prosopopée… Toutes ces figures de style trouvent leur source dans le raisonnement par analogie.

Les analogies sont également vulgairement appelées « images ». Elles établissent en effet une ressemblance entre un premier élément (le « comparé ») et un second élément (le « comparant »), ressemblance fondée sur une ou plusieurs qualités communes.

Dans cette fiche, les analogies se rapporteront exclusivement au sens des mots, c'est-à-dire à leur signification et à leur définition.

B. Exemples

Concrètement, une analogie se présente au départ sous la forme d'un couple de mots. Vous devez identifier le lien logique qui existe entre ces deux mots, pour trouver ensuite un autre couple de mots reliés par le même lien logique.

Exemple 1 :

DIGUE – INONDATION ⇒ GARROT – ?

La fonction première d'une DIGUE est de **stopper** une INONDATION. En médecine, la fonction première d'un GARROT est de **stopper** une **HÉMORRAGIE**.

Comme vous le voyez, il convient de définir très précisément les termes qui composent vos couples de mots pour identifier clairement le lien logique qui existe entre eux.

Pour définir un mot de la façon la plus précise qui soit, demandez-vous quelle définition vous pourriez trouver dans un dictionnaire classique comme le *Larousse*.

Exemple 2 :

VAINCRE – FAIBLE ⇒ INTÉRESSER – ?

Il faut comprendre ici le lien qui existe entre VAINCRE et FAIBLE. L'on pourrait dire par exemple **qu'il est facile de** vaincre un être faible. On trouve alors le même rapport dans INTÉRESSER et **CURIEUX** puisqu'il **est** également **facile d**'intéresser un homme curieux.

Naturellement, point d'inquiétude, vous serez aidé par des indices : ou bien il s'agira d'un QCM et auquel cas, la réponse se trouvera sous vos yeux et il faudra la sélectionner parmi un choix de 4 ou 5 réponses ; ou bien l'on vous donnera la première lettre ainsi que le nombre de lettres que contient la réponse.

Exemple 3 :

SOUS-NUTRITION – S'ALIMENTER ⇒ IGNORANCE – ?

Le fait de S'ALIMENTER permet **d'échapper à un état** de SOUS-NUTRITION. De la même façon le fait de **S'INSTRUIRE** permet **d'échapper à un état** d'IGNORANCE.

Exemple 4 :

BOULANGER – MANGER ⇒ ÉCRIVAIN – ?

Le fait de MANGER **est une action exercée sur le produit** du BOULANGER.

LIRE est une action exercée sur le produit de l'ÉCRIVAIN.

LIRE est donc la bonne réponse.

Ces quatre exemples montrent la variété des liens qu'il est possible d'inférer entre deux mots. Ils mettent également l'accent sur l'exigence d'une définition rigoureuse et précise du lien qui fédère ces deux mots.

S'il existe potentiellement autant de liens entre deux mots que de couples de mots, la majorité des analogies sur lesquelles vous plancherez aux concours seront très cadrées. C'est l'objet du chapitre qui suit.

2. Les liens logiques récurrents aux concours

A. La synonymie

De nombreuses analogies sont construites sur la base d'un lien de synonymie relativement simple à trouver.

Exemple :

DRAPEAU – BANNIÈRE ⇒ DÉTRUIRE – ?

DRAPEAU et BANNIÈRE sont deux synonymes. Il faut donc ici trouver un synonyme du mot DÉTRUIRE. **RUINER** et **ANÉANTIR** sont ici les meilleures propositions.

B. L'antonymie

Exemple :

NAÎTRE – DÉCÉDER ⇒ SENESTRE – ?

NAÎTRE et DÉCÉDER sont deux antonymes parfaits. Par analogie, il vous faut donc trouver un antonyme parfait de SENESTRE. La bonne réponse est **DROITE** ou **DEXTRE** puisque Senestre se rapporte à « la gauche / ce qui est à gauche ».

C. La chronologie

Vous pouvez rencontrer des liens chronologiques dans les analogies, c'est-à-dire des liens qui intègrent une notion de temps.

Exemple :

LENINGRAD – SAINT-PETERSBOURG ⇒ CEYLAN – ?

LENINGRAD est l'ancien nom de SAINT-PETERSBOURG (Leningrad devient Saint-Pétersbourg en 1991). CEYLAN est l'ancien nom du **SRI LANKA**.

D. La cause et la conséquence

Il arrive que les deux mots du couple aient un rapport de cause/conséquence. Vous devez alors respecter ce rapport.

Exemple :

RADIATEUR – CHALEUR ⇒ LAMPE – ?

Dans cette analogie, le RADIATEUR produit de la CHALEUR : le radiateur est la cause de la chaleur. La LAMPE produit quant à elle de la **LUMIÈRE**, et elle est alors bien la cause de la lumière.

E. L'expression

Certaines analogies reproduisent un lien d'expression idiomatique entre deux mots. Vous devez la plupart du temps associer un verbe transitif avec son complément habituel.

Exemple :

ÉPARGNER – ARGENT ⇒ COIFFER – ?

Habituellement, on épargne de l'argent. De même, habituellement, on se coiffe les cheveux. La meilleure réponse était donc CHEVEUX.

Le lien d'expression peut aussi associer un élément symbolique et représentatif de l'autre mot du couple.

Exemple :

AFRIQUE DU SUD – ARC EN CIEL ⇒ LIBAN – ?

Un des noms donnés à l'Afrique du Sud est « la nation arc-en-ciel ». Il arrive aussi d'associer au Liban le cèdre, qui est l'arbre inscrit sur son drapeau. CÈDRE était donc la bonne réponse ici.

F. Du général au particulier ou du particulier au général

Il arrive parfois qu'on associe à un concept général un élément particulier.

Exemple :

APPARTEMENT – IMMOBILIER ⇒ OBLIGATION – ?

Dans l'exemple ci-dessus, un appartement est un élément de l'immobilier : c'est une valeur immobilière. L'obligation, qui est un titre de créance, est un élément du mobilier : c'est une valeur mobilière. Il fallait donc tout simplement compléter l'analogie par *mobilier*.

12 Logique verbale
20 difficultés de la langue française

1. Les noms composés

Quelles sont les règles spécifiques aux noms composés comportant un trait d'union ?

On dit *un savoir-faire*, mais au pluriel, qu'est-ce que cela donne ? Des *savoir-faires* ? Des *savoirs-faire* ? Des *savoir-faire* ?

Voici quelques tableaux qui devraient vous aider à y voir plus clair.

Type de nom composé	Regles d'accord, exceptions, et exemples
NOM + NOM *Exemple : un chou-fleur*	Règle : **Lorsqu'un nom composé est composé de deux noms, ils prennent <u>tous les deux</u> la marque du pluriel.** <u>Exemples</u> : Un oiseau-mouche, des oiseaux-mouches. Un chou-fleur, des chou**x**-fleur**s**. <u>Exceptions</u> : Les noms composés dérogent à cette règle **lorsque le second des deux noms vise à compléter le premier.** Dans ce cas, seul le *premier* des deux noms s'accorde au pluriel. <u>Exemples</u> : Un **timbre-poste** = un **timbre *pour* la poste**. On écrira donc : **Des timbre<u>s</u>-post<u>e</u>**. Seul le mot «timbre» prend la marque du pluriel. Une année-lumière et des années-lumière (une année *pour* la lumière – puisqu'on mesure ici la distance que la lumière met une année à parcourir).

NOM + VERBE *Exemple : un sèche-linge*	Règle : **Le nom est le seul à s'accorder au pluriel – sauf lorsque *le sens de la locution s'y oppose* et dans ce second cas, aucun des deux mots ne s'accorde.** Exemples : Un sèche-linge, des sèche-linge**s**. Seul le nom s'accorde au pluriel. Un tire-bouchon, des tire-bouchon**s.** Seul le nom s'accorde au pluriel. ⚠ ATTENTION Un abat-jour et **des abat-jour**. Retenez bien cette formule invariable où le sens de la locution s'oppose à ce que le mot « jour » prenne un « -s » : l'abat-jour protège du jour en général, et non de jours particuliers.
NOM + PRÉPOSITION + NOM *Exemple : une canne-à-pêche*	Règle : **Seul le premier des deux noms s'accorde au pluriel.** Exemples : Un arc-en-ciel et des arc**s**-en-ciel. Une canne-à-pêche et des canne**s**-à-pêche. Exceptions : Une bête à corne / Des bête**s** à corne**s.** Les deux noms s'accordent au pluriel. Un tête-à-tête / Des tête-à-tête. Le pluriel est invariable. Un rez-de-chaussée / Des rez-de-chaussée. Le pluriel est invariable.
NOM + ADJECTIF *Exemple : un libre-service*	Règle : **De même que pour les noms composés constitués de deux noms, les deux mots s'accordent au pluriel.** Exemples : Un libre-service et des libres-services. Un rouge-gorge / Des rouges-gorges. Exceptions : L'adjectif est invariable lorsqu'il se place avant le nom, et qu'il se termine en o ou en i. Exemples : Un mini-clavier / Des mini-clavier**s.** *Terminaison en i.* Un anglo-italien / Des anglo-italien**s.** *Terminaison en o.* Une demi-teinte / Des demi-teinte**s**. *Terminaison en i.*

ADJECTIF + ADJECTIF *Exemple : un sourd-muet*	Règle : **En règle générale, les deux adjectifs s'accordent au pluriel. Comme il l'a été dit plus haut, cependant, lorsque le premier adjectif se finit par un *o* (macro) ou par un *i* (mini) ; le second est le seul à s'accorder au pluriel.** Exemple : Un sourd-muet / Des sourd**s**-muet**s**.
VERBE + VERBE *Exemple : un laisser-aller*	Règle : **Les deux verbes restent toujours au singulier, même lorsque le verbe est conjugué.** Exemples : Un savoir-faire / Des savoir-faire. Un laisser-aller / Des laisser-aller. Un va-et-vient / Des va-et-vient (ici, vient est une forme conjuguée du verbe venir). Un passe-temps / Des passe-temps (ici, passe est une forme conjuguée du verbe passer).
NOM + MOT INVARIABLE *Exemple : un après-midi*	Règle : Le mot invariable peut être un adverbe, une préposition, une conjonction, etc. Mais en tout état de cause, la règle veut que **seul le nom porte la marque du pluriel.** Exemples : Un après-midi / Des après-midi**s**. Un non-lieu / Des non-lieu**x**.
MOTS ÉTRANGERS *Exemple : un chewing-gum*	Règle : En règle générale, **seul le <u>second</u> des deux noms unis par le trait d'union s'accorde au pluriel.** Exemples : Un chewing-gum / des chewing-gums. Un week-end / Des week-end**s**. Un pull-over / Des pull-over**s**.

⚠ ATTENTION **à d'autres exceptions !**

Certains noms composés s'écrivant sans trait d'union voient tout de même leurs deux radicaux s'accorder au pluriel. Exemples : *mademoiselle* et *mesdemoiselles,* monsieur et messieurs, madame et mesdames ; bonhomme et bonshommes, gentilhomme et gentilshommes.

2. Les noms de jours et de mois

- **Les noms des jours s'écrivent sans majuscule** (jeudi, vendredi, etc.). Ils prennent la marque du pluriel (tous les mardis) mais on écrit : les lundi et vendredi de la semaine (il n'y a qu'un lundi et vendredi dans la semaine).
- **Tous les noms de mois s'écrivent sans majuscule** (janvier, février… : nous sommes le lundi 3 février 2014).
- **Tous les mots matin, midi, après-midi, soir restent invariables** (tous les lundis matin (= au matin)).

3. Pourcentages

- **Avec un complément au singulier, l'accord se fait au singulier** (avec le complément). Exemple : 10 % de la classe est sortie ; ou au pluriel (avec l'expression du pourcentage) si c'est la quantité que l'on veut mettre en valeur. Exemple : 20 % du budget sont dépensés pour…
- **Avec un complément au pluriel, l'accord se fait au pluriel** (avec le complément). Exemple : 40 % des missions ont été réalisées ; même si le complément est sous-entendu : 40 % ont été réalisées.
- **Quand il s'agit d'un taux, l'accord se fait toujours au masculin avec l'expression du pourcentage.** Exemples : 1 % des dépenses pourra être supprimé ; 69 % des voitures seront vendus.
- **Quand il s'agit d'un rendement, l'expression du pourcentage est au masculin singulier.** Exemples : Cela fait du 5 % ; 9 % me paraît excessif.

4. Sans

- Elle est arrivée **sans** sa fille, elle est arrivée **sans**. Elles **s'en** vont **sans** rien dire.

⚠ ATTENTION On écrit **sens dessus dessous**.

- **Sans que** est suivi du subjonctif. Exemple : elle est partie sans que l'on sache la raison (on n'emploie donc jamais « ne »).
- Les noms composés avec **sans** prennent un trait d'union et sont invariables. Exemples : un sans-papier, des sans-abri.

- Singulier ou pluriel après **sans** : lorsque **sans** introduit un complément du nom sans déterminant, il faut faire appel à la logique et au bon sens pour savoir si le nom est au singulier ou au pluriel. Exemple : une voiture sans volant et sans airbags.

- **Locutions figées :** retenez certaines locutions figées dans lesquelles le nom précédé de **sans** est **toujours** au singulier. Exemples : sans arrêt, sans délai, sans fin, sans conteste, sans cesse.

5. Demi

- **Le préfixe demi-**, toujours suivi d'un trait d'union, est invariable. Exemple : deux demi-journées.

- **Les mots composés avec demi-** prennent la marque du pluriel sur le second élément. Exemples : des demi-sœurs, trois demi-douzaines.

- **Et demi, et demie** indiquent que l'on ajoute la moitié d'une unité. L'accord se fait en genre (masculin et féminin), mais l'expression reste au singulier. Exemples : deux décimètres et demi, trois bouteilles et demie (= trois bouteilles plus la moitié d'une bouteille).

- **À demi est invariable.** L'expression s'emploie sans trait d'union devant un adjectif ou un participe : des coupes à demi pleines, à demi remplies ; et avec un trait d'union devant un nom. Exemple : une entrée à demi-tarif.

6. Assez

- **Assez de** est suivi d'un nom non comptable au singulier : il a assez de vin ; ou d'un nom comptable au pluriel. Exemple : il a assez de bonbons.

- **Assez pour + infinitif, assez pour que + subjonctif introduisent une conséquence.** Exemple : il fait assez chaud assez pour aller se baigner dans la mer, pour que l'on puisse se baigner dans la mer.

7. Aussi

Aussi s'emploie :

- Dans les comparatifs d'égalité de l'adjectif ou de l'adverbe. Exemple : il est aussi grand que toi.

- Au sens de « **également** » dans les **phrases affirmatives**. Dans les **phrases négatives**, on emploie « **non plus** » (exemple : T'as entendu ? / Non / Moi non plus).

- Quand il indique un très haut degré. **Aussi** entraîne alors le subjonctif avec inversion du sujet (**Aussi fort soit-il…**). **Aussi** s'emploie aussi sans inversion du sujet : **aussi… que…**
- Comme conjonction, au sens de « c'est pourquoi ». **Aussi** entraîne alors l'inversion du sujet en langue soutenue (exemple : j'ai raté mon bus ce soir, aussi n'ai-je pas pu appeler Julie).

Accord avec « aussi bien que » :

- S'il y a une pause à l'oral ou **deux virgules à l'écrit, le verbe reste au singulier** (exemple : ma tante, aussi bien que mon oncle, a repris une part de gâteau (l'accent est mis sur « ma tante »)).
- S'il n'y a pas de pause à l'oral ou **pas de virgule à l'écrit, le verbe se met au pluriel** (exemple : ma tante aussi bien que mon oncle ont repris une part de gâteau (l'un et l'autre)).

8. Inversion du sujet

Il y a une **inversion du sujet** quand le sujet est placé après le verbe alors que l'ordre habituel est sujet-verbe (exemple : Elle ira. – Ira-t-elle ?) :

- Dans les tournures poétiques.
- Dans des formes de la phrase interrogative.
- Dans l'incise. (exemple : « Que faire ? », dit Mme Balladur).
- Après certains adverbes ou locutions adverbiales (exemples : toujours est-il que… encore faut-il que…).
- Dans les subordonnées relatives (exemple : ce sont des clauses contractuelles que connaissaient déjà nos partenaires).

Trait d'union et liaison dans l'inversion du sujet

- Lorsqu'il y a inversion du sujet, le pronom sujet est lié au verbe par un trait d'union. Exemple : vient-il ?
- Si le verbe se termine par *-e* ou *-a*, on ajoute un *-t* pour permettre la liaison. Exemple : mange-t-il du poisson ?
- Si le verbe se termine par *-d* ou *-t*, on fait la liaison en prononçant [t]. Exemple : arrivent-ils bientôt ?

9. Quelque ou quel que ?

Ne confondez pas **quelque**, déterminant indéfini, qui ne varie pas en genre, et **quel(le)... que**, déterminant interrogatif, qui précède un verbe au subjonctif.

- Déterminant indéfini

  Quelque choix que tu fasses, je te soutiendrai.

- Déterminant interrogatif

  Quel que soit ton choix, je te soutiendrai.

10. Accord du participe passé employé avec l'auxiliaire avoir

Le participe passé conjugué avec l'auxiliaire avoir ne s'accorde jamais avec le sujet. Il s'accorde avec le complément d'objet direct (COD) quand celui-ci est placé devant le verbe. Sinon, il reste invariable.

Exemple sans accord : ils ont monté la Tour Eiffel.

Exemple avec accord : quels beaux arbres que tu as dessinés !

⚠ ATTENTION Plusieurs cas particuliers existent :

Avec le **pronom *en*, le participe passé est le plus souvent invariable**. Exemple : as-tu arrosé des plantes ? – Oui, j'en ai arrosé (= de cela). Cependant, il peut s'accorder si c'est l'idée de pluriel qui prédomine : « Tant de timbres ! Combien en as-tu achetés ? ».

Avec le **pronom *l'*, le participe est invariable si le pronom représente une phrase**. Exemple : elle est plus grande que je ne l'avais imaginé.

Avec les verbes *dire, donner, devoir, croire, vouloir, permettre, etc.* il ne faut pas confondre le COD du participe et le COD d'un autre verbe (exprimé ou non). Ainsi, le participe s'accorde logiquement avec son COD. Exemple : j'ai compris les choses que tu m'as dit (de faire), que tu as permis (que je fasse).

Suivi d'un infinitif, le participe passé s'accorde avec son complément d'objet direct, mais pas avec celui de l'infinitif. Exemple : Candice, je l'ai vue jouer (= J'ai vu Candice qui jouait).

⚠ **ATTENTION** Il ne faut pas confondre le complément de mesure d'un verbe intransitif qui répond à la question « combien ? » et le complément d'objet direct d'un verbe transitif qui répond à la question « quoi » ?

⚠ **ATTENTION** Il ne faut pas confondre le sujet réel d'un verbe impersonnel et un complément d'objet direct.

Exemple 1 : quel froid il a fait cette nuit ! (invariable)

Exemple 2 : il a signé un contrat hier (COD)

Exemple 3 : l'entreprise qu'il a dirigée cette année… (accord)

11. Accord du participe passé des verbes pronominaux

Le participe passé des verbes pronominaux s'accorde avec le sujet sauf si le pronom réfléchi est complément d'objet indirect (COI). Dans ce cas, il suit les règles d'accord du participe conjugué avec l'auxiliaire avoir : il reste invariable ou il s'accorde avec le COD placé avant.

A. Accord avec le sujet (comme avec l'auxiliaire *être*)

- **Le pronom réfléchi ne représente rien.** Exemple : ils se sont égarés.
- **Le pronom réfléchi est COD.** Il représente le sujet. Exemple : ils se sont séparés (= l'un l'autre). Il s'agit de verbes transitifs directs (avec COD) employés à la forme pronominale : laver, habiller, garer, etc.

B. Participe toujours invariable (comme l'auxiliaire *avoir*)

- **Il n'y a pas de COD et le pronom réfléchi est COI.** Exemple : les dirigeants qui se sont succédé (= l'un a succédé à l'autre qui a succédé à l'autre, etc.). Il s'agit de verbes transitifs indirects employés à la forme pronominale : nuire, plaire, mentir, etc.
- **Il y a un COD placé après le verbe.** Exemple : elle s'est épilé les jambes. Il s'agit de verbes transitifs à deux compléments, l'un direct, l'autre indirect, employés à la forme pronominale : offrir, dire, etc. ou de constructions analogues : se laver les mains, etc. **Le complément d'objet direct suit le verbe, donc il n'y a pas d'accord.**

C. Accord avec le COD placé avant le verbe (comme avec l'auxiliaire *avoir*)

Exemple : quelle cheville s'est-elle foulée ? Il s'agit le plus souvent de verbes transitifs à deux compléments employés à la forme pronominale : donner, dire, demander, etc. **Le complément d'objet direct est placé avant le verbe, donc le participe passé s'accorde.**

⚠ ATTENTION Il ne faut pas confondre : « elle s'est épilée » (= elle-même ; s'est COD) et « elle s'est épilé les jambes » (= les jambes à elle, s'est COI).

12. Accord du participe passé suivi d'un infinitif

Avec l'auxiliaire ***être***, l'infinitif qui suit le participe ne modifie en rien les règles de l'accord. Exemple : ils sont allés acheter le pain.

Avec l'auxiliaire ***avoir***, il faut faire attention au complément d'objet direct (COD).

- Si le COD est complément du participe et sujet de l'infinitif, il y a accord.
- Si le COD est complément de l'infinitif, il n'y a pas d'accord.

⚠ ATTENTION Le participe est invariable si on peut ajouter *par* et un complément indiquant qui fait l'action exprimée par l'infinitif. Exemple : ces poésies, je les ai entendu réciter par Pierre.

Avec les verbes pronominaux, les règles sont les mêmes.

- **Avec accord :** elles se sont vues glisser.
- **Sans accord :** elle s'est laissé approcher (par quelqu'un).

⚠ ATTENTION Plusieurs cas particuliers existent :

- **Le participe passé *fait* suivi d'un infinitif est toujours invariable.** Exemples : l'écharpe qu'elle a fait tricoter / L'écharpe qu'elle s'est fait tricoter.
- **Le participe passé *laissé* suivi d'un infinitif est variable.** Exemples : elle s'est laissée dépérir / Elle s'est laissé aller.

13. Conjonctions

Une conjonction est un mot invariable qui sert à « joindre » deux mots, deux groupes ou deux propositions.

Les **conjonctions de coordination** mais, ou, et, donc, or, ni, car. Ces conjonctions relient deux groupes de mots qui ont la même fonction dans la phrase. Exemple : Franck et moi sommes amis.

⚠ ATTENTION **N'écrivez pas « mais donc », « et donc », « or donc », etc.** Il est en effet impossible d'écrire deux conjonctions de coordination l'une à la suite de l'autre.

Remarque : **certains adverbes, ou locutions adverbiales, jouent le même rôle qu'une conjonction de coordination**, en particulier pour coordonner deux propositions : puis, pourtant, en effet, ensuite, par contre, alors, cependant, toutefois, néanmoins, etc.

⚠ ATTENTION Lorsque vous travaillerez sur des questions de reformulation, vous devrez choisir des phrases qui conservent le meilleur style. Ainsi, devez-vous savoir qu'il n'est pas bienvenu (bien que cela soit toléré) de débuter une phrase par une conjonction de coordination.

Les conjonctions de subordination. Elles relient une proposition subordonnée à une autre proposition dont elle dépend. Les principales conjonctions de subordination sont : que, quand, parce que, puisque, si, comme, etc.

14. Participe présent

Le participe présent d'un verbe est toujours terminé par ***-ant***, quelle que soit la conjugaison du verbe (dormant, allant, finissant, etc.).

Le participe présent peut s'employer seul ou après la préposition ***-en***. On parle alors du **gérondif**.

On appelle **adjectif verbal** l'adjectif formé à partir du participe présent. Le participe présent est toujours invariable, l'adjectif verbal est variable ; il s'accorde en genre (masculin ou féminin) et en nombre (singulier ou pluriel) avec le nom auquel il se rapporte. Exemple : Les filles sont fatigantes.

⚠ ATTENTION Quelquefois, adjectif verbal et participe présent n'ont pas la même orthographe tout en ayant la même prononciation.

Verbe	Participe présent	Adjectif Verbal
Fatiguer	Fatiguant	Fatigant
Communiquer	Communiquant	Communicant
Naviguer	Naviguant	Navigant
Négliger	Négligeant	Négligent
Diverger	Divergeant	Divergent

15. Réciproque

On dit d'un verbe pronominal qu'il a un sens réciproque quand son sujet représente plusieurs personnes ou plusieurs choses qui agissent l'une sur l'autre. Exemple : Arnaud et Claire se sont plu (= Arnaud plaît à Claire et Claire plaît à Arnaud).

16. Styles direct/indirect

Lorsque l'on s'adresse à quelqu'un, on lui parle de **manière directe** avec tous les types de phrases qui répondent aux besoins de la communication : informer, questionner, donner un ordre, s'exclamer.

La phrase peut-être : déclarative, interrogative, impérative ou exclamative.

Lorsque l'on rapporte les propos de quelqu'un ou que l'on raconte une histoire, on peut utiliser le **style (ou discours) direct, indirect ou direct libre**.

Le style (ou discours) direct consiste à reprendre tels quels les propos que l'on rapporte. À l'écrit, on emploie des guillemets. Exemple : « J'arrive bientôt ».

Le style (ou discours) indirect fait intervenir une personne qui rapporte les propos. Les propos rapportés se retrouvent alors dans une proposition subordonnée :

- Déclarative : il dit qu'il n'a pas eu le temps de le faire aujourd'hui.
- Interrogative : il m'a demandé si j'avais soif.
- Impérative : il m'a ordonné de le suivre tout de suite.
- Exclamative : il nous a expliqué à quel point il a eu peur !

Le style (ou discours) indirect libre est propre à l'écrit, au récit, au roman. Il n'y a plus de proposition principale d'introduction (il dit, il demande, etc.). Le texte est le plus souvent au passé.

17. Verbes pronominaux

On appelle **verbe pronominal** un verbe qui s'emploie avec un pronom réfléchi (*me, te, se, nous, vous, se*). Aux temps composés, les verbes pronominaux se conjuguent toujours avec l'auxiliaire être.

A. Verbes essentiellement pronominaux

Ce sont des verbes comme *s'enfuir, se souvenir, s'écrier*, etc. Ces verbes n'existent qu'à la forme pronominale et le pronom réfléchi ne représente rien. Il ne s'analyse pas. Aux temps composés, le participe passé des verbes essentiellement pronominaux s'accorde en genre et en nombre avec le sujet. Exemple : elles se sont enfuies.

B. Construction pronominale

La plupart des verbes transitifs (directs, indirects ou à deux compléments) peuvent s'employer à la forme pronominale. Dans ce cas, le pronom réfléchi qui représente le sujet est complément d'objet direct (COD) ou complément d'objet indirect (COI).

C. Verbe transitif direct

À la forme pronominale, le pronom réfléchi est COD. Exemple : Claire et Arnaud s'aiment (= l'un l'autre).

Aux temps composés, le participe passé des verbes transitifs directs employés à la forme pronominale s'accorde avec le sujet que le pronom réfléchi reprend. Exemple : Claire et Arnaud se sont embrassés (= l'un l'autre).

D. Verbe transitif indirect

À la forme pronominale, le pronom réfléchi est COI. Exemple : Céline et Arnaud se plaisent (= l'un à l'autre). (Arnaud plaît à Céline et Céline plaît à Arnaud).

Aux temps composés, le participe passé des verbes transitifs indirects employés à la forme pronominale est invariable. Exemple : Céline et Arnaud se sont plu (= l'un à l'autre).

E. Verbe transitif à deux compléments

À la forme pronominale, le pronom réfléchi est COI et il y a un complément d'objet direct. Exemple : Arnaud s'offre une montre (Arnaud s'offre quoi ? – une montre. À qui ? – À lui-même).

Aux temps composés, le participe passé des verbes transitifs à deux compléments employés à la forme pronominale s'accorde avec le COD si celui-ci est placé avant le verbe. Exemple : la montre qu'Arnaud s'est offerte.

F. Verbe pronominal réfléchi ou réciproque

On dit d'un verbe pronominal qu'il a un **sens réfléchi** quand on peut dire lui-même, elle-même, eux-mêmes, elles-mêmes. Le sujet peut être au singulier ou au pluriel. Exemple : Henri se coiffe.

On dit d'un verbe pronominal qu'il a un sens réciproque quand on peut dire *l'un l'autre, l'un à l'autre, les uns les autres*, etc. Le sujet a toujours un sens pluriel même s'il s'agit du pronom on. Exemple : ils se sont envoyés des lettres (= l'un à l'autre).

G. Verbe pronominal à sens passif

La construction pronominale ci-dessous correspond à une phrase active dont le sujet est *on*.

Ces fleurs se vendent bien ⇒ On a bien vendu ces fleurs.

Aux temps composés, le participe passé des verbes pronominaux à sens passif s'accorde avec le sujet. Exemple : ces fleurs se sont bien vendues.

18. Masculin/féminin

Dit-on une après-midi ou un après-midi ? Les deux solutions sont possibles. Cet exemple est un cas rare. Ainsi, voici une liste de noms sur lesquels les erreurs sont les plus nombreuses pour savoir si le mot est masculin ou féminin.

Masculin		Féminin	
Agrume	Exécutoire	Acné	Icône
Amalgame	Haltère	Aérogare	Idylle
Amiante	Hémisphère	Agora	Météorite
Aparté	Intervalle	Algèbre	Oasis
Appendice	Ivoire	Anagramme	Obsèques
Antipode	Interclasse	Alcôve	Orbite
Antidote	Interstice	Alvéole	Octave
Armistice	Méandre	Apothéose	Ogive
Asphalte	Obélisque	Argile	Omoplate
Astérisque	Opuscule	Câpre	Réglisse
Cerne	Pétale	Catacombes	Pléthore
En-tête	Planisphère	Équivoque	Stalactite
Épilogue	Tentacule	Épithète	Ténèbres

19. Figures de style

Figure de style	Définition + Exemple
Allégorie	Personnification d'une idée abstraite. Exemple : *un squelette armé d'une faux pour représenter la mort.*
Allitération	Répétition d'une ou de plusieurs consonnes dans un groupe de mots. Exemple : *« Pour qui sont ces serpents qui sifflent sur vos têtes. »*
Anaphore	Répétition d'une même expression ou d'un même mot en début de phrase ou de vers. Exemple : *« Rome, l'unique objet de mon ressentiment ! Rome, à qui vient ton bras d'immoler mon amant ! Rome qui t'a vu naître, et que ton cœur adore ! Rome enfin que je hais parce qu'elle t'honore ! ».*
Antithèse	Rapprochement, à l'intérieur d'une structure syntaxique binaire et équilibrée, de deux termes de même nature qui s'opposent sémantiquement. Exemples : *« Paris est le plus délicieux des monstres : là, vieux et pauvre ; ici, tout neuf comme la monnaie d'un nouveau règne. » ; « Es-tu si las de vivre ? As-tu peur de mourir ? »*
Assonance	Répétition d'une même voyelle dans un groupe de mots. Exemple : *« Tout m'afflige et me nuit et conspire à me nuire. »*
Chiasme	Structure en croix qui associe deux termes deux à deux sans qu'ils aient nécessairement un rapport de sens. Exemples : *« Ayant le feu pour père, et pour mère la cendre. » ; « La neige fait au nord ce qu'au sud fait le sable. » ; « Rester dans le paradis, et y devenir démon, rentrer dans l'enfer, et y devenir ange ! » ; « Il faut manger pour vivre et non pas vivre pour manger. »* (Molière)
Énumération	Figure de style dans laquelle on trouve une suite de mots ou de propositions qui sont de même nature (noms, verbes) et de même fonction (sujets, compléments). Les éléments de l'énumération sont parfois séparés par d'autres mots. Exemple : *« Tout l'hiver va rentrer dans mon être : colère, haine, frissons, horreur, labeur dur et forcé. »*

Euphémisme	Cette figure de style consiste à adoucir ou atténuer une idée déplaisante en ayant recours principalement à une litote ou une périphrase. Exemples : *les non-voyants (pour les aveugles) ; il nous a quitté (pour il est mort) ; les pays du sud (pour les pays sous-développés) ; le troisième âge (pour les vieux).*
Gradation	Succession de mots ou d'expressions de sens voisins et dont l'ordre suit une progression croissante ou décroissante. Exemples : *« Va, cours, vole, et nous venge. » ; « C'en est fait ; je n'en puis plus ; je me meurs ; je suis mort ; je suis enterré. »*
Hyperbole	Consiste à exagérer l'expression d'une idée ou d'une réalité afin de la mettre en exergue. Exemple : *« C'est un géant ! » pour désigner quelqu'un de grande taille.*
Litote	La litote est une figure de style qui consiste à déguiser sa pensée de façon à la faire deviner dans toute sa force. Autrement dit, caractériser une expression de façon à susciter chez le récepteur un sens beaucoup plus fort que n'aurait fait la même idée exprimée en toute simplicité. La litote « a une orientation de valeur inverse de celle de l'euphémisme, qui cherche à amoindrir l'information. » L'effet de la litote est principalement produit soit par un vocabulaire « neutralisé », soit par la négation d'un contraire ou autre tournure de contournement (source : *Wikipedia*). Exemple : *« Va, je ne te hais point » (pour je t'alme)*
Métaphore	Figure de style fondée sur l'analogie et/ou la substitution. C'est un type particulier d'image sans outil de comparaison qui associe un terme à un autre appartenant à un champ lexical différent afin de traduire une pensée plus riche et plus complexe que celle qu'exprime un vocabulaire descriptif concret (source : *Wikipedia*). Exemples : *« Je me suis baigné dans le poème de la mer. » ; « La littérature : un coup de hache dans la mer gelée qui est en nous. » ; « Les lois sont des toiles d'araignées, à travers lesquelles passent les grosses mouches et restent les petites. » ; « Vieil Océan, ô grand célibataire ».*
Métonymie	Phénomène par lequel un concept est désigné par un terme désignant un autre concept qui lui est relié par une relation nécessaire (source : *Larousse*). Exemples : *une bonne plume pour un bon écrivain ; boire un verre ; faire du piano, jouer aux cartes ; lire un bon Balzac.*

Oxymore	Figure de style qui consiste à rapprocher deux termes (un nom et un adjectif) que leur sens devrait éloigner, dans une formule en apparence contradictoire. L'oxymore permet de décrire une situation ou un personnage de manière inattendue, suscitant ainsi la surprise (source : *Wikipedia*). Exemples : *une obscure clarté, « À travers la noirceur de l'ombre, qui cache la mer et les cieux, Une clarté blafarde et sombre, fait voir l'une et l'autre à nos yeux » ; aigre-doux ; une réalité virtuelle, « Le soleil noir de la mélancolie ».*
Périphrase	Consiste à remplacer un mot par sa définition ou par une expression plus longue, mais équivalente. Exemples : *la capitale de la France (pour dire Paris) ; la langue de Goethe (pour dire l'allemand) ; la langue de Molière (pour dire le français) ; le toit du monde (pour l'Himalaya), le billet vert (pour le dollar) ; le roi des animaux (pour désigner le lion) ; le pays des droits de l'homme (pour dire la France).*
Personnification	Attribuer des qualités humaines à un objet inanimé. Exemples : *« Berlin, Vienne, étaient ses maîtresses » ; « L'habitude venait me prendre dans ses bras, comme un petit enfant. »*
Pléonasme	Répétition de termes ou expressions ayant le même sens. Exemples : *monter en haut ; descendre en bas ; une bonne aubaine ; s'avérer vrai ; une petite camionnette ; un campus universitaire…*
Synecdoque	Remplacer un mot par un autre ayant une relation d'inclusion avec celui-ci (la partie pour le tout ou le tout pour la partie). C'est un cas particulier de la métonymie. Exemples : *Le tout pour la partie : Lille a gagné la finale (pour « l'équipe de foot de Lille »…)* *La partie pour le tout : je quitterai bientôt ces murs / Je quitterai bientôt ce toit (pour dire je quitterai bientôt cette maison).*

20. Vocabulaire difficile

Mots	Définitions
Abhorrer	Éprouver de l'aversion pour quelque chose ou quelqu'un ; détester, exécrer.
Abject	Qui inspire le dégoût, le mépris, par sa bassesse, sa dégradation morale ; ignoble.
Annihiler	Anéantir un ensemble abstrait, le détruire, le ruiner complètement.
Bougon	Qui a l'habitude de bougonner, de maugréer.
Carcéral	Relatif aux prisons : le monde carcéral.
Cataclysme	Désastre, bouleversement complet dans la situation d'un État, d'un groupe, d'une personne ; catastrophe.
Chimère	Animal fabuleux ayant la tête et le poitrail d'un lion, le ventre d'une chèvre et la queue d'un serpent / Projet séduisant, mais irréalisable ; idée vaine qui n'est que le produit de l'imagination ; illusion : poursuivre des chimères.
Colloque	Entretien entre deux ou plusieurs personnes / Réunion visant à l'étude d'une question scientifique ou à la discussion de problèmes diplomatiques, économiques, politiques, etc. ; congrès.
Commensal	Personne qui mange (habituellement) à la même table qu'une autre ; hôte / Animal qui pratique le commensalisme. (Exemple : le pluvian avec le crocodile, le pique-bœuf avec les bovins).
Courroux	Vive colère, emportement.
Dextérité	Adresse de la main dans l'exécution de quelque chose, adresse d'esprit, ingéniosité dans l'accomplissement d'une action ; habileté.
Diatribe	Critique amère et violente ; pamphlet.
Égide	Couche égide, couche d'un faisceau qui est exploitée la première, pour assurer une détente des terrains et éventuellement faciliter leur dégazage.
Émoluments	Acte de quelqu'un qui, dans le domaine artistique ou littéraire, donne pour sien ce qu'il a pris à l'œuvre d'un autre.
Emphase	Exagération pompeuse dans le ton, le geste, dans les termes employés ; enflure, grandiloquence : parler avec emphase. / Mise en relief d'un des constituants de la phrase par l'intonation ou par l'ordre des mots.
Épisode	Partie d'une œuvre s'intégrant à un ensemble mais ayant ses caractéristiques propres / Événement qui fait partie d'une action plus générale et qui se distingue par tel ou tel caractère ; circonstance, péripétie.
Équinoxe	Époque de l'année (20 ou 21 mars, 22 ou 23 septembre) où le Soleil, dans son mouvement propre apparent sur l'écliptique, traverse l'équateur céleste et qui correspond à l'égalité de durée du jour et de la nuit.
Esclandre	Manifestation bruyante faite en public contre quelqu'un ou quelque chose ; scandale.

Euphémisme	Atténuation dans l'expression de certaines idées ou de certains faits dont la crudité aurait quelque chose de brutal ou de déplaisant.
Exsangue	Qui a perdu beaucoup de sang / Qui est d'une grande pâleur, livide.
Fallacieux	Qui cherche à tromper, à nuire ; perfide.
Gallicisme	Idiotisme propre à la langue française. (Ce sont des expressions comme se mettre en quatre, être sur les dents ou des constructions comme il y a, c'est lui qui, etc.) / Construction ou forme particulière à la langue française introduite abusivement dans une autre langue.
Geôle	Cachot, prison.
Gouailleur	Qui gouaille, dénote un esprit railleur ; narquois.
Harangue	Littéraire : discours solennel prononcé devant une assemblée, une personnalité importante, des troupes, etc. / Familier : discours quelconque, ou discours pompeux, ennuyeux ou moralisateur.
Hécatombe	Massacre, destruction d'un grand nombre de personnes ou d'animaux : les hécatombes des deux guerres mondiales / Grand nombre de personnes atteintes ou éliminées par quelque chose : l'hécatombe annuelle des blessés de la route.
Héraldique	Discipline ayant pour objet la connaissance et l'étude des armoiries.
Impécunieux	Qui a peu d'argent.
Incriminer	Mettre quelqu'un, quelque chose en cause, les dénoncer comme responsables d'une action ou d'une situation blâmable ou dommageable.
Indigène	Originaire du pays où il vit.
Inextinguible	Qu'il est impossible d'éteindre. Qu'on ne peut apaiser, arrêter.
Infléchir	Incliner quelque chose, le plier de façon à produire une courbe / Influer sur l'évolution de quelque chose en en modifiant le cours.
Insulaire	Relatif aux îles.
Intempestif	Qui est fait à contretemps, se produit mal à propos ou apparaît comme inconvenant.
Irascible	Qui est prompt à s'irriter.
Irrévérencieux	Qui manque de respect.
Lilliputien	Personne très petite.
Malthusien	Relatif à la doctrine de Malthus ; partisan de cette doctrine.
Matrimonial	Relatif au mariage.
Moiteur	État de quelque chose qui est moite, humide.
Morbide	Qui relève de la maladie, la caractérise ou en résulte : État morbide / Qui a un caractère malsain, anormal : curiosité morbide. Une littérature morbide.
Morigéner	Réprimander quelqu'un en lui faisant une leçon de morale ; sermonner.
Népotisme	Abus de quelqu'un qui use de son autorité pour procurer des avantages à sa famille.

Obséquieux	Qui manifeste, qui marque un excès de respect, d'égards.
Onirique	Relatif au rêve.
Onomatopée	Processus permettant la création de mots dont le signifiant est étroitement lié à la perception acoustique des sons émis par des êtres animés ou des objets.
Ostracisme	Action de tenir quelqu'un qui ne plaît pas à l'écart d'un groupe, d'une société, d'une manière discriminatoire et injuste.
Paupérisme	Phénomène social caractérisé par un état de pauvreté endémique d'une partie de la population.
Pédant	Personne qui fait étalage d'une science souvent superficielle ; cuistre.
Pittoresque	Qui, par sa disposition originale, son aspect séduisant, est digne d'être peint / Qui a du relief, de la couleur, qui fait image.
Plagiat	Acte de quelqu'un qui, dans le domaine artistique ou littéraire, donne pour sien ce qu'il a pris à l'œuvre d'un autre.
Posthume	Qui ne se produit qu'après la mort de la personne intéressée.
Quolibet	Raillerie, moquerie.
Rasséréner	Rendre sa sérénité, son calme.
Rebut	Ce qu'il y a de plus mauvais dans quelque chose et qui est laissé de côté / Ce qu'il y a de plus vil, de plus méprisable dans un groupe.
Sarcasme	Action de railler avec méchanceté.
Sévices	Mauvais traitements exercés sur quelqu'un qu'on a sous son autorité ou sous sa responsabilité.
Solécisme	Construction qui n'est pas conforme aux règles de la syntaxe d'une langue à une époque donnée ou qui n'est pas acceptée dans une norme ou un usage jugé correct.
Subterfuge	Moyen habile et détourné pour se tirer d'embarras.
Succédané	Produit de remplacement.
Surseoir	Différer une action, une décision.
Tergiverser	User de détours, de faux-fuyants, pour éviter de dire nettement quelque chose, pour retarder une décision.
Torpeur	État de quelqu'un chez qui l'activité psychique et physique, la sensibilité sont réduites.
Tribulations	Suite d'aventures plus ou moins désagréables, de revers, d'obstacles surmontés.
Usurper	S'approprier indûment une dignité, un bien.
Velléitaire	Qui est incapable de s'en tenir à une décision prise.

2 ENJEUX CONTEMPORAINS

13

Enjeux contemporains

Présentation de l'épreuve (temps conseillé : 1 heure)

Cette partie est composée de 40 QCM avec 4 propositions de réponse et à chaque fois une seule réponse possible.

Les questions porteront sur l'actualité des 18 derniers mois.

Pour réussir cette partie, un seul conseil : tenez à jour un carnet d'actualité dans lequel vous consignerez mois après mois les actualités importantes.

Voici un exemple d'actualités qui pourraient figurer sur votre carnet :

Janvier 2022

- Après la Slovénie, la France a pris la présidence du Conseil de l'Union européenne.
- Des émeutes ont éclaté à Almaty, au Kazakhstan, dans le contexte de la crise sociale et politique et notamment contre l'augmentation du prix du gaz. Des centaines de manifestants ont été tuées et des milliers arrêtés.
- Le bâtiment du Parlement d'Afrique du Sud a été ravagé par les flammes. Un pyromane de 49 ans a été arrêté pour « vol avec effraction et incendie criminel ».
- Le site d'information libéral en ligne Citizen News, à Hong Kong, a cessé ses activités. Les deux journalistes du média ont été arrêtés.
- Le président et directeur d'exploitation de Theranos, Ramesh Balwani ainsi que l'américaine Elizabeth Holmes ont été condamnés pour fraude par le tribunal de San José, en Californie.
- Le leader mondial de l'eau et du traitement des déchets, Veolia, a été racheté par son concurrent Suez pour 13 milliards de dollars.
- Le *New York Times* a acquis *The Athletic*, un site d'information sportive pour un montant de 550 millions de dollars.
- Des chirurgiens américains ont réalisé la première transplantation d'un cœur de porc sur David Bennett âgé de 57 ans.
- Michel Houellebecq a publié son huitième roman de 738 pages.

- L'acteur et réalisateur américain Sidney Poitier est décédé à Beverly Hills à l'âge de 94 ans. Il a été la première star noire et a reçu un Oscar dans les années soixante.
- Les chefs d'État et de gouvernement de la Communauté économique des États de l'Afrique de l'Ouest (CEDEAO) et l'Union monétaire de l'Afrique de l'Ouest (UEMOA) ont décidé, au Ghana, de mettre le Mali sous embargo. Les frontières ont été fermées, les échanges commerciaux suspendus, les aides financières coupées.
- Le réalisateur, producteur et scénariste Jean-Jacques Beineix meurt à l'âge de 75 ans. Il a réalisé des films cultes comme « 37°2 le matin », « La lune dans le caniveau ».
- L'homme le plus détesté d'Amérique, Martin Shkreli a été condamné à restituer 65 millions de dollars. Somme dont il avait tiré profit de ses pratiques anti-concurrentielles.
- Le pilote automobile qatari, Nasser al-Attiyah, a remporté, avec son 4X4 Hilux Toyota, le rallye-raid Dakar, après ses victoires en 2011, 2015 et 2019.
- L'architecte catalan, Ricardo Bofill, est décédé à Barcelone à l'âge de 82 ans. De Chicago à Casablanca, de Montpellier à Pauillac, cet architecte postmoderne a conçu des espaces influencés par Ledoux, Mansart, Palladio.
- Le couturier italien, Nino Cerruti, est décédé à l'âge de quatre-vingt-onze ans, dans le Piémont. L'entrepreneur a repris l'usine textile familiale, pour fonder sa maison de haute couture.
- Donald Trump a fait son retour en politique dans un meeting à Florence, en Arizona. Sous la bannière de son slogan « Save America », l'ancien président des États-Unis a rassemblé ses supporters.
- Le tennisman serbe, Novak Djokovic, premier joueur mondial au classement ATP (Association of Tennis Professionals), a été mis en quarantaine dans sa chambre d'hôtel à Melbourne, car il n'était pas vacciné contre le Covid-19. Les autorités australiennes ont expulsé la star mondiale de tennis.
- Roberta Metsola a été élue, à l'âge de 43 ans, présidente du Parlement européen pour une durée de six mois.
- Microsoft a racheté, par sa filiale, Xbox Game Studios, l'un des plus grands éditeurs de jeux vidéo au monde, Activision Blizzard, pour un montant de 69 milliards de dollars.
- Au Parlement européen, les eurodéputés ont adopté le Règlement sur les services numériques (Digital Services Act) à 530 voix contre 78. La loi doit permettre de réguler le fonctionnement des sites Internet et de bannir les contenus illicites.

- La Haute autorité de la santé (H.A.S.) et l'Agence nationale de sécurité du médicament (ANSM) ont donné leur feu vert en France pour le Paxlovid, pilule contre la Covid-19 du groupe pharmaceutique américain, Pfizer.
- Le créateur français, Thierry Mugler, est mort à l'âge de 73 ans. Il est devenu styliste et s'est démarqué avec ses créations mélangeant extravagance et élégance.
- Jean-Claude Mézières est décédé à l'âge de 83 ans. Le dessinateur a marqué les cinéastes, de Georges Lucas, pour « Star Wars » à Luc Besson, pour « Le Cinquième Élément ».
- En France, le pass vaccinal est entré en vigueur. Il a été adopté par l'Assemblée nationale à 295 voix contre 58.
- Le Mouvement patriotique pour la sauvegarde et la restauration (MPSR), a pris le pouvoir au Burkina Faso. Sur Radiodiffusion Télévision du Burkina (RTB), la dissolution du gouvernement et de l'Assemblée, la suspension de la Constitution, la fermeture des frontières terrestres et aériennes, ainsi que l'instauration d'un couvre-feu, ont été décrétées.
- Le journaliste d'investigation, Victor Castanet, a publié un essai « Les fossoyeurs ». Il a livré une enquête sur les secrets du groupe français Orpea, spécialisé dans les établissements d'hébergement pour personnes âgées dépendantes (Ehpad).
- Le Parlement italien a réélu son chef de l'État, Sergio Mattarella. Le président de la République italienne, âgé de 80 ans, a été désigné pour un mandat de 7 ans au palais du Quirinal à Rome.

Février 2022

- En France, le taux du livret A est passé à 1 %. Il s'agit de la première hausse depuis le 1er août 2011. Le taux d'intérêt le plus haut s'est élevé à 8,5 %, le 16 octobre 1981.
- L'actrice italienne Monica Vitti est morte à l'âge de 90 ans. Formée à l'Académie nationale d'art dramatique à Rome, elle s'est lancée dans une carrière théâtrale, en jouant dans des pièces de Shakespeare, Molière et Brecht.
- Jeff Zucker, président de la chaîne de télévision d'information en continu américaine CNN, a quitté son poste. Le patron a entretenu une relation privée avec Allison Gollust, vice-présidente exécutive et directrice du marketing.
- Le chef de l'État islamique, Abou Ibrahim al-Hachimi al-Qurashi est mort à Atme, dans le nord de la Syrie. L'opération antiterroriste a eu lieu dans une zone contrôlée par les jihadistes et les rebelles.

- L'Autriche a été le premier pays de l'Union européenne à imposer la vaccination obligatoire contre la Covid-19, sous peine d'amende pour les Autrichiens de plus de 18 ans, en raison du faible taux de vaccination.
- L'équipe de football du Sénégal a remporté la finale de la Coupe d'Afrique des nations (CAN), au stade Olembé, à Yaoundé, au Cameroun, face à l'Égypte. Les Sénégalais ont battu l'équipe égyptienne, à 4 tirs au but, contre 2.
- Le biologiste et virologue français, Luc Montagnier, est décédé à l'âge de 89 ans. Après avoir intégré le Centre national de la recherche scientifique (CNRS), il a été professeur à l'institut Pasteur.
- Le « One Ocean Summit » a rassemblé à Brest, des chefs d'État et du gouvernement. Lors du Sommet international sur les océans, les questions de la préservation de la biodiversité, de la pêche, de la lutte contre les pollutions, des effets du changement climatique ont été abordées.
- 40 satellites de SpaceX, constructeur aérospatial américain créé par Elon Musk, ont été détruits par un orage magnétique.
- Le cyclone Batsirai a fait une centaine de morts, dans le sud-est de l'Afrique. Arrivée de l'océan Indien, la tempête tropicale a touché l'île Maurice, La Réunion et Madagascar. Les rafales de vent ont atteint plus de 100 km/h.
- Franz-Walter Steinmeier a été réélu président fédéral de l'Allemagne, pour la seconde fois. Homme d'État allemand, membre du Parti social-démocrate d'Allemagne (SPD), il a été vice-chancelier d'Allemagne de 2007 à 2009.
- Cristina Calderon est morte à Punta Arenas, dans le détroit de Magellan, à l'âge de 93 ans. Cette femme a été la dernière locutrice native de la langue yagan au Chili, à l'extrême sud du pays.
- Le philosophe et poète, Michel Deguy, est décédé à l'âge de 91 ans. Il a été maître de conférences en littérature française à l'université Paris 8, et membre du comité de lecture aux éditions Gallimard.
- L'État a participé à la recapitalisation d'Electricité de France (EDF), à hauteur de plus de 2 milliards d'euros. Le ministre de l'Economie, des finances et de la relance, Bruno Lemaire, a porté son soutien à EDF qui traverse une « passe financière difficile ».
- Le biologiste français François Gros, est mort à l'âge de 95 ans. Cette grande figure de la recherche scientifique a été professeur au Collège de France, directeur de l'Institut Pasteur, secrétaire perpétuel de l'Académie des Sciences, et conseiller auprès des Premiers ministres Pierre Mauroy et Laurent Fabius.
- Jean-Luc Brunel a été retrouvé mort, par pendaison, à la prison de la Santé à Paris, à l'âge de 75 ans. Figure internationale de la mode depuis les années 70,

il avait été ciblé par des enquêtes pour « viol sur mineurs » et « harcèlement sexuel ».

- L'Organized Crime and Corruption Reporting Project (OCCRP) a réalisé une enquête internationale sur le groupe bancaire Crédit Suisse. La deuxième banque helvète a été accusée d'héberger des fonds de dizaines de milliards d'euros, en relation avec le crime et la corruption.
- Les Jeux olympiques d'hiver se sont déroulés à Pékin, en Chine. Dans le classement des médailles, la France s'est classée à la 7e place. La France a remporté 13 médailles, dont 5 en or, 7 d'argent, 2 de bronze.
- Vladimir Poutine, président de la fédération de Russie, a ordonné à l'armée russe de « maintenir la paix » dans les territoires séparatistes prorusses du Donbass. Le Kremlin a reconnu l'indépendance des Républiques de Donetsk et de Louhansk.
- En France, les députés de l'Assemblée nationale ont voté l'extension du délai légal pour pratiquer l'interruption volontaire de grossesse (IVG) à quatorze semaines de grossesse au lieu de douze.
- La Russie a lancé une offensive militaire en Ukraine. Des frappes aériennes ont touché des points stratégiques ukrainiens. Vladimir Poutine a souhaité une « démilitarisation » et une « dénazification » de l'Ukraine.
- Les États-Unis, l'Union européenne, le G7, ont pris des sanctions économiques et financières. L'accès de la Russie aux marchés de capitaux européens a été limité.
- L'Académie des arts et techniques du cinéma a décerné son palmarès, lors de la 47e cérémonie des Césars du cinéma à Paris. Le long-métrage, adapté du roman d'Honoré de Balzac, « Illusions perdues » de Xavier Giannoli, a été mis à l'honneur avec sept trophées, dont le meilleur film.
- Ursula von der Leyen, présidente de la Commission européenne, a interdit la chaîne de télévision d'information internationale russe, Russia Today (RT), et l'agence de presse multimédia Sputnik.
- Le philosophe français Marcel Conche est mort à l'âge de 99 ans. Il a été professeur à l'université de Panthéon-Sorbonne et a enseigné aux côtés de Vladimir Jankélévitch.

Mars 2022

- Un convoi militaire russe de plus de 60 km de long est en route vers Kiev. Kharkiv, 2e ville du pays, a été bombardée et 18 civils morts sont à déplorer.
- Marine le Pen et Éric Zemmour ont récolté 500 parrainages nécessaires pour officiellement se présenter aux élections présidentielles.

- L'armée russe a affirmé avoir conquis la ville de Kherson. À ce stade de la guerre, plus de 2 000 civils ukrainiens sont morts.
- Les nombreux ressortissants africains tentant de fuir l'Ukraine, ont accusé les autorités ukrainiennes de racisme.
- La candidate de gauche Christiane Taubira a annoncé qu'elle retirait sa candidature à la présidentielle.
- Le célèbre présentateur télé de la chaîne TF1 Jean-Pierre Pernaut, est décédé à l'âge de 71 ans d'un cancer du poumon.
- Le Comité international paralympique a exclu les sportifs russes et biélorusses des Jeux paralympiques d'hiver de Pékin.
- L'ONU a démarré un processus vers un traité international historique visant à lutter contre la pollution plastique.
- La Russie s'est emparé de la plus grande centrale nucléaire d'Ukraine.
- Le prix des carburants en France explose. 1,81 € le litre d'essence SP95, et 1,74 € le litre de gazole.
- Éric Zemmour et son parti « Reconquête ! » ont été condamnés pour contrefaçon et droits d'auteur.
- Le président Volodymyr Zelensky aurait échappé à 3 tentatives d'assassinat en 1 semaine. Il serait menacé par des troupes tchétchènes et 400 mercenaires du groupe paramilitaire russe Wagner.
- Twitter a temporairement suspendu plusieurs comptes de soutien à Marine le Pen et Éric Zemmour.
- Emmanuel Macron et Vladimir Poutine se sont entretenus pendant 1 h 45. Vladimir Poutine s'est dit déterminé à atteindre ses objectifs « par la négociation ou par la guerre ».
- Christiane Taubira soutient désormais le candidat de la France insoumise Jean-Luc Mélenchon.
- La Russie a proposé d'évacuer les civils ukrainiens des villes bombardées vers la Russie et la Biélorussie. L'Ukraine a refusé et dénoncé une fausse protection.
- Depuis la guerre en Ukraine, les prix des carburants ont explosé, une augmentation de 7 % en une semaine a été constatée.
- 13 jours après le début de la guerre, 2 millions de personnes ont fui l'Ukraine selon le bilan de l'ONU.
- 8 femmes ont accusé Éric Zemmour de violences sexuelles.

- Le gouvernement a annoncé un vaste plan de contrôle de 7 500 Ehpad en France afin de lutter contre les maltraitances des personnes âgées.
- McDonald's, Coca-Cola, Amazon, Starbucks ou encore KFC se sont ajoutés à la liste des entreprises qui ont suspendu leurs activités en Russie.
- Les Philippines était l'un des pays à avoir la majorité sexuelle la plus basse au monde. L'âge de la majorité sexuelle a été rehaussé de 12 ans à 16 ans.
- La Russie a bombardé un hôpital et sa maternité dans la ville de Marioupol. Cette attaque a fait 3 morts dont une fillette et 17 blessés.
- Les chefs de la diplomatie russe et ukrainienne se sont rencontrés en Turquie, mais n'ont pas réussi à se mettre d'accord sur un arrêt des combats.
- Emmanuel Macron a déclaré que l'UE prendrait des « sanctions massives » contre la Russie si la guerre continue.
- Le Guatemala a décidé de durcir fortement sa loi contre l'avortement et le mariage entre personne de même sexe. Désormais, une femme qui avorte risque jusqu'à 10 ans de prison.
- L'Inde a annoncé avoir envoyé par erreur un missile au Pakistan. L'événement est lié à un « dysfonctionnement technique ». Les relations entre l'Inde et le Pakistan sont très tendues depuis des années.
- Le Premier ministre Jean Castex a confirmé la fin du pass vaccinal ainsi que la fin du port du masque en intérieur.
- La Chine a confiné 17 millions d'habitants de la ville de Shenzhen après le signalement de 66 cas de Covid.
- La France a livré pour 150 millions d'euros de matériels militaires à la Russie entre 2015 et 2020.
- En Corse, des manifestations de soutien à Yvan Colonna ont dégénéré, faisant 67 blessés dont 44 chez le forces de l'ordre.
- Une nouvelle antenne a été installée au sommet de la Tour Eiffel, elle mesure désormais 330 mètres de haut.
- Les hommes homosexuels et bisexuels peuvent dorénavant donner leur sang dans les mêmes conditions que les autres donneurs.
- Joe Biden a qualifié Vladimir Poutine de « criminel de guerre » et a promis 800 millions de dollars d'aides militaires. La France a également promis 300 millions d'euros d'aide.
- 109 poussettes ont été disposées sur une place de la ville de Lviv, en hommage aux 109 enfants ukrainiens tués depuis le début du conflit.

- Emmanuel Macron a dévoilé son programme dans une conférence de presse, il contient la retraite à 65 ans, une hausse des salaires des profs, réforme du RSA et réforme des institutions.
- Le candidat écologiste Yannick Jadot a déclaré vouloir réduire la durée des vacances scolaires et notamment l'été.
- Le ministère russe de la Défense a déclaré avoir utilisé des missiles hypersoniques pour détruire un entrepôt souterrain d'armements dans l'ouest de l'Ukraine.
- Dans une étude publiée par l'ONU, la Finlande a été élue le pays le plus heureux du monde.
- L'armée russe est entrée dans la ville portuaire de Marioupol. Une école d'art qui abritait 400 réfugiés a été bombardée par les forces russes.
- Un avion qui transportait 132 passagers s'est écrasé en Chine ce matin. Il s'agissait d'un Boeing 737-800 de la compagnie China Eastern Airlines.
- Emmanuel Macron a dû renoncer à l'utilisation de son compte Twitter pour sa campagne. La commission qui contrôle la campagne considère que le compte twitter du chef de l'État était un avantage injustifié.
- Près de 26 000 réfugiés ukrainiens sont arrivés sur le territoire français.
- Le principal opposant au pouvoir russe Alexeï Navalny, déjà emprisonné depuis plus d'un an, à une nouvelle fois été condamné à 9 ans de prison.
- Le militant pour l'indépendance de la Corse Yvan Colonna est mort des suites d'une violente agression en prison.
- L'OMS a estimé que la France et plusieurs autres pays européens ont levé trop rapidement leurs mesures sanitaires face au Covid.
- En Afghanistan, les Talibans ont fait fermer définitivement les collèges et lycées pour filles. C'est une nouvelle atteinte au droit des femmes dans le pays.
- L'État de l'Idaho aux États-Unis a adopté une loi qui limite l'avortement pour les femmes. Si une femme avorte, le père peut porter plainte contre le médecin qui a pratiqué l'IVG et ce même en cas de viol.

14 Enjeux contemporains

Entraînement numéro 1

Comme vous le savez, la partie consacrée à la connaissance des enjeux contemporains est composée de 40 QCM avec plusieurs choix de réponses proposées donc. Vous trouverez ici 40 questions ouvertes sans choix de réponse. Cela augmente le niveau de difficulté bien sûr mais cela constitue assurément un excellent entraînement.

1 Quelle est en 2022 la ville la plus peuplée du monde ?

2 Quelles sont les deux cryptomonnaies les plus valorisées au premier semestre 2022 ?

3 Comment s'appelle le ruban orange et noir arboré par les Russes durant la guerre actuelle en Ukraine ?

4 Environ quel pourcentage de la ressource mondiale en eau est constitué par de l'eau douce ?

5 Quelle organisation terroriste basque a annoncé sa dissolution le 2 mai 2018 ?

6 Quel est le nom de l'arme de destruction massive la plus énergétique jamais testée par l'armé russe ?

7 Quel est le nom du parti politique créé par Eric Zemmour en avril 2021 ?

8 Qui est le chinois Xi Jinping ?

9 Que signifie « Covid » dans l'acronyme Covid-19 ?

10 D'après une projection de l'ONU, à combien s'élèvera la population indienne en 2022 ?

11 Quelle est la monnaie du Mexique ?

12 Depuis quelle année le président de la République française est-il élu au suffrage universel direct ?

13 31 mai 2022 : qui défait Novak Djokovic à Roland Garros en quart de finale à l'issue d'un match aussitôt entré dans les annales du tennis masculin ?

14 Le 26 mai 2020, quatre policiers de Minneapolis sont limogés après la mort d'un homme noir à la suite d'une arrestation musclée. Comment s'appelle cet homme ?

15 Quelle est la monnaie du Maroc ?

16 En mai 2022, combien d'anciens présidents américains sont encore en vie ?

17 Quelle est, en milliards, la population mondiale estimée en 2022 ?

18 Quelle est l'année de naissance d'Emmanuel Macron ?

19 Par quel acronyme designe-t-on les cinq grandes firmes américaines qui dominent le marché du numérique ?

20 Quel est le pourcentage de citadins exposés à un air pollué dans l'Union européenne ?

21 Quel est le nom du groupe extrémiste responsable du kidnapping de 276 lycéennes au Nigéria le 14 avril 2014 ?

22 Qui est le Francais qui a obtenu le plus de médailles d'or aux Jeux olympiques ?

23 François Michelin est décédé en 2015. En quelle année a été créée l'entreprise qui porte son nom ?

24 Qui est l'actuel président du Pérou ?

25 Quels sont les deux pays qui entourent le Panama ?

26 Qui a présenté en 2022 la cérémonie des Césars ?

27 De quel pays Recep Tayyip Erdoğan est-il le président ?

28 Quel film obtient la Palme d'or à Cannes en 2022 ?

29 En France, quelle est la première région agricole ?

30 Le 6 mai 2017, pour quel pays la Cour pénale internationale a été saisie d'accusation de génocide et de persécution envers les homosexuels ?

31 Quelle est l'espérance de vie d'une femme en France en 2021 ?

32 En France, quel ancien Premier ministre sous la présidence de François Mitterrand, ayant fait usage de l'article 49.3 au parlement 28 fois au cours de ses mandats, est décédé le 2 juillet 2016 ?

33 Au 1er janvier 2022, combien d'habitants environ compte la France ?

34 Quel scandale mondial a éclaboussé le monde de la finance en avril 2016 ?

35 Quelle course hippique qui se dispute en mai en Suède est l'une des courses les plus importantes de l'année avec le Grand Prix d'Amérique et l'Hambletonian ?

36 En quelle année eut lieu le massacre de la Saint-Barthélémy ?

37 En quelle année a été prononcé lors d'un célèbre discours : « *I have a dream* » ?

38 Quel grand groupe d'électroménager la Fnac a-t-elle racheté en avril 2016 ?

39 Quel footballeur a reçu le Ballon d'or en 2021 ?

40 Quel artiste est connu pour avoir, entre autres choses, tendu de vastes toiles colorées ou emballé des monuments prestigieux ?

Corrigé

1 C'est Tokyo, avec 37 millions d'habitants, suivi de New Delhi avec 32 millions d'habitants et Shanghai avec 28 millions d'habitants.

2 Le Bitcoin et l'Ethereum.

3 Le ruban de Saint-Georges.

4 Environ 2,5 %.

5 L'organisation séparatiste basque ETA.

6 Tsar Bomba.

7 Reconquête !

8 Le président de la République populaire de Chine.

9 **CO**rona**VI**rus **D**isease.

10 1,4 milliard.

11 Le peso mexicain.

12 1962.

13 Rafael Nadal.

14 Il s'agit de George Floyd.

15 Le dirham.

16 Au 3 mai 2022, cinq anciens présidents des États-Unis sont vivants : Jimmy Carter, Bill Clinton, George W. Bush, Barack Obama et Donald Trump.

17 On estime que la population mondiale franchira la barre symbolique des 8 milliards d'individus en 2022.

18 1977.

19 Les GAFAM (Google, Amazon, Facebook, Apple et Microsoft).

20 96 %.

21 Boko Haram.

22 Le record de titres aux Jeux olympiques est détenu par le biathlète Martin Fourcade avec cinq médailles d'or aux Jeux d'hiver.

23 En 1889.

24 Pedro Castillo.

25 Le Costa Rica et la Colombie.

26 Antoine de Caunes.

27 Il est le président de la République de Turquie.

28 *Sans filtre* de Ruben Östlund.

29 La Nouvelle-Aquitaine.

30 La Tchétchénie.

31 85 ans.

32 Michel Rocard.

33 67,8 millions d'habitants au 1er janvier 2022.

34 Les Panama Papers.

35 L'Elitloppet.

36 En 1572.

37 C'est en 1961, à l'occasion du discours de Martin Luther King, devant le Lincoln Memorial à Washington DC.

38 Darty.

39 Lionel Messi.

40 Christo.

15 Enjeux contemporains

Entraînement numéro 2

1 Pour quelle raison IKEA France est condamnée à 1 million d'euros d'amende en juin 2021 ?

2 A l'occasion des élections régionales de juin 2021, combien de candidats sont en lice pour le fauteuil de président de la région Ile-de-France ?

3 Quel ex-ministre socialiste et ex-commissaire européen le président de la République Emmanuel Macron décide-t-il de nommer le 3 juin 2020 comme premier président de la Cour des comptes ?

4 Au large de quelle ville française peut-on visiter le Château d'If, rendu célèbre par le roman *Le Comte de Monte-Cristo* ?

5 De quelle nationalité W. A. Mozart était-il ?

6 Où se situe le siège de l'ONU ?

7 En 2016, quel terme est utilisé pour désigner le scénario de la sortie du Royaume-Uni de l'Union européenne ?

8 En quelle année fut abandonnée la convertibilité du dollar en or ?

9 Quelle est la capitale de l'Ethiopie ?

10 Qui a reçu en 2021 le prix Nobel de la paix ?

11 Quelle est la capitale de la Turquie ?

12 Dans quelle ville française a lieu chaque année le Festival international de la BD ?

13 En 2015, quel pays a renoncé officiellement à son adhésion à l'Union européenne ?

14 Comment le parti politique La République en marche fondé par Emmanuel Macron a t-il été renommé en mai 2022 ?

15 Après Paris, quelle est la ville de France la plus peuplée ?

16 Quelle grande navigatrice française est décédée lors d'un accident d'hélicoptère alors qu'elle participait à une émission de téléréalité ?

17 Combien de députés l'Assemblée nationale compte-t-elle ?

18 Qui est l'actuel Président de l'Irlande ?

19 Quel site Internet a rendu public plus de 9 000 documents de la CIA le 7 mars 2017 ?

20 Quel est le prénom de l'enfant de Meghan Markle et du prince Harry né en juin 2021 ?

21 Combien de pays forment l'Union européenne aujourd'hui ?

22 Qui est l'homme le plus riche du monde en mai 2022 avec une fortune estimée à plus de 255 milliards de dollars ?

23 Quel était le métier de Volodymyr Zelensky avant qu'il ne devienne président de l'Ukraine le 20 mai 2019 ?

24 Quel est le seul pays d'Europe à appliquer librement la peine de mort ?

25 De quelle nationalité est le géant de l'alimentation Nestlé ?

26 Dans quel pays se trouve la ville de Yalta, lieu de la célèbre rencontre de 1945 ?

27 Dans quel pays d'Afrique a eu lieu le génocide organisé par les milices Hutus contre le peuple des Tutsis ?

28 La SNCF et la RFF ont déboursé 50 millions d'euros pour refaire 1 300 quais de gare. Pour quelles raisons ?

29 Qu'est-ce que la BRI ?

30 Quel leader de la réservation de voitures avec chauffeur a concrétisé en 2019 une entrée en Bourse à Wall Street dont les premiers pas se sont très mal passés ?

31 Quelle ville voit le départ du Tour de France le 1er juillet 2022 ?

32 Qui est l'actuel président du Guatemala ?

33 Quelle est la capitale de la Serbie ?

34 Quelle est la capitale du Pérou ?

35 Quel est le nom du régime français sous Pétain durant la Seconde Guerre mondiale ?

36 En France, en quelle année la majorité civile est-elle passée à 18 ans ?

37 Combien de temps en moyenne met le TGV pour faire le trajet Paris-Marseille ?

38 De quelle ville Édouard Philippe est-il le maire en 2022 ?

39 Avec quel pays Emmanuel Macron s'est félicité d'avoir conclu « le plus gros contrat militaire à composante française de notre histoire » ?

40 Que commémore-t-on tous les 8 mai ?

Corrigé

1 Pour espionnage de salariés et pour recel de collecte de données à caractère personnel.

2 11.

3 Pierre Moscovici.

4 Marseille.

5 Autrichienne.

6 A New York.

7 Le Brexit.

8 En 1971.

9 Addis-Abeba.

10 Maria Ressa et Dmitry Muratov.

11 Ankara.

12 Angoulême.

13 L'Islande.

14 Renaissance.

15 Marseille avec 868 277 habitants.

16 Florence Arthaud.

17 577.

18 Michael D. Higgins.

19 WikiLeaks.

20 Lilibet.

21 27.

22 Elon Musk.

23 Acteur comique.

24 La Biélorussie.

25 Suisse.

26 En Ukraine.

27 Le Rwanda.

28 Les nouveaux TER sont trop larges.

29 La Brigade de Recherche et d'Intervention.

30 Uber.

31 Copenhague.

32 Alejandro Giammattei.

33 Belgrade.

34 Lima.

35 Le régime de Vichy.

36 En 1974.

37 3 heures et 15 minutes.

38 Maire du Havre.

39 Avec les Émirats arabes unis (EAU) à hauteur de 2 milliards pour de l'armement.

40 L'armistice de la Seconde Guerre mondiale.

16 Enjeux contemporains

Entraînement numéro 3

1 Quelle est la durée du mandat d'un maire ?

2 Le français est parlé par près de 275 millions de personnes. Quel rang occupe-t-il parmi les langues les plus parlées au monde ?

3 Avril 2022 : quel est le réseau social le plus utilisé par les 15-24 ans en France ?

4 Combien la France compte-t-elle de fonctionnaires en janvier 2021 ?

5 Maire de Béziers, Robert Ménard a fondé en 1985 une organisation non gouvernementale. Laquelle ?

6 Quelle chanteuse française, interprète de *Les P'tits papiers* est décédée le 1er mai 2022 ?

7 Combien y a-t-il d'Etats aux Etats-Unis ?

8 L'œuvre *Les Raboteurs de parquet* est un tableau de :

9 Dans quelle ville se dérouleront les Jeux olympiques de 2021 ?

10 En 2022, quel film remporte l'Oscar du meilleur film ?

11 En quelle année Vladimir Poutine est-il né ?

12 Quel virus, voisin de la dengue et du chikungunya, a émergé en Amérique centrale et en Amérique du Sud début 2016 ?

13 En mai 2022, combien d'euros environ obtient-on en changeant 1 000 livres sterling ?

14 Qui est le secrétaire général actuel du syndicat Force ouvrière depuis 2018 ?

15 Comment appelle-t-on le phénomène de création de nouveaux mots ?

16 Que représente *L'Origine du monde* de Gustave Courbet ?

17 Quel Chef anime l'émission Cauchemar en cuisine sur M6 ?

18 Qui est le « Spider-Man » français, célèbre pour ses ascensions à mains nues des plus hauts gratte-ciel ?

19 Combien de mètres mesure la tour Montparnasse à Paris ?

20 Quels sont les horaires de cotation de la Bourse de Paris ?

21 Quel était le métier de Nicolas Sarkozy avant qu'il ne devienne président de la République ?

22 Qui est l'auteur du roman *Des souris et des hommes* ?

23 Comment appelle-t-on l'outil de comptabilisation des émissions de gaz à effet de serre d'un produit ou d'une entreprise ?

24 Quelle nation a été menacée d'exclusion aux Jeux olympiques de Rio en 2016, sur suspicion de dopage ?

25 Quel est, en mai 2022, le cours en euros de l'action LVMH à la Bourse de Paris ?

26 Combien de visiteurs La Foire d'Automne a-t-elle accueilli en 2021 ?

27 Combien de sièges la NUPES (Nouvelle Union populaire écologique et sociale) obtient-elle à l'Assemblée nationale à l'issue des élections législatives de juin 2022 ?

28 En terme de superficie, les Etats-Unis sont environ … fois plus grands que la France.

29 Qui a écrit *Ubu roi* ?

30 Quel article de la Constitution française permet au Premier ministre d'engager la responsabilité du gouvernement devant l'Assemblée nationale ?

31 Dans quel lieu s'est déroulé le discours consécutif à la victoire d'Emmanuel Macron le 24 avril 2022 ?

32 Qui a écrit *La Cantatrice chauve* ?

33 Pandémie du Covid-19 : quelle date marque le début du déconfinement en France ?

34 Quelle est la capitale de l'Albanie ?

35 Quel film a fait le plus d'entrées au box-office français en 2021 ?

36 Quel est le surnom de l'équipe de France de handball ?

37 En quelle année l'île de Hong Kong a-t-elle été rétrocédée à la République populaire de Chine par le Royaume-Uni ?

38 A quelle date le Conseil constitutionnel a-t-il donné un avis favorable à la loi dite du « mariage pour tous » ?

39 Dans quelle entreprise japonaise le système de Kanban, visant à limiter les stocks d'une chaîne de production et à produire en flux tendu, a-t-il été mis en place pour la première fois dans les années 1950 ?

40 Que signifie le mot nomophobe, nouvel arrivé dans le Larousse ?

Corrigé

1 6 ans.

2 Le cinquième.

3 Snapchat, qui compte désormais 25 millions d'utilisateurs mensuels en France.

4 5,66 millions.

5 Reporters sans frontières.

6 Régine.

7 50.

8 Gustave Caillebotte.

9 A Tokyo.

10 Coda de Sian Heder.

11 1952.

12 Zika.

13 On obtient environ 1 170 euros.

14 Yves Veyrier

15 Le néologisme.

16 Un nu féminin.

17 Philippe Etchebest.

18 Alain Robert.

19 210 mètres.

20 9 h 00 – 17 h 30.

21 Avocat.

22 John Steinbeck.

23 Le bilan carbone.

24 La Russie.

25 Il est d'environ 565 euros.

26 74 000 visiteurs.

27 131.

28 15.

29 Alfred Jarry.

30 49-3.

31 Le Champs de Mars.

32 Eugène Ionesco.

33 11 mai 2020.

34 Tirana.

35 *Spider-Man : No Way Home.*

36 Les experts.

37 En 1997.

38 Le 17 mai 2013 qui est aussi la Journée mondiale de lutte contre l'homophobie.

39 Toyota.

40 Quelqu'un qui est très dépendant de son téléphone portable.

17

Enjeux contemporains

Entraînement numéro 4

1	En quelle année le Titanic avait-il fait naufrage ?
2	Le boxeur Mohammed Ali est décédé le 3 juin 2016. Quel était son nom, avant sa conversion à l'islam ?
3	Par qui est présentée l'émission à succès *Affaire conclue* sur France 2 ?
4	En juin 2017, quel animateur a quitté la chaîne France 2 après avoir présenté l'émission *Télématin* pendant près de trente ans ?
5	En quelle année a été créé le groupe LVMH ?
6	Quel est, en 2020, le pays qui exporte le plus d'armes au monde ?
7	Qui a reçu le Fauve d'or lors du Festival de la bande dessinée d'Angoulême en 2022 ?
8	Comment s'appelle la monnaie brésilienne ?
9	Que fête-t-on le 8 mars ?
10	Quelle est la date de naissance d'Élisabeth II ?
11	Combien de sièges le Rassemblement National obtient-il à l'Assemblée nationale à l'issue des élections législatives de juin 2022 ?
12	En mai 2022, combien compte-t-on de morts liés au Covid-19 dans le monde ?
13	A quel pays le territoire de Gibraltar appartient-il ?

14 Combien de films français avaient déjà reçu l'Oscar du meilleur film avant *The Artist* ?

15 Qui reçoit l'Oscar du meilleur acteur en 2022 ?

16 Depuis environ combien d'années le festival de la BD à Angoulême existe-t-il ?

17 Qui sont les zadistes ?

18 En 2022, qui remporte le tournoi de Roland Garros dans la catégorie simple dames ?

19 En 2022, qui remporte le tournoi de Roland Garros dans la catégorie simple messieurs ?

20 Quelle est la capitale du Qatar ?

21 Comment appelle-t-on le fond des océans ?

22 Comment s'appelle l'association qui s'oppose aux expulsions d'enfants sans papiers dans les écoles ?

23 Quel pacte a réuni Benito Mussolini et Adolf Hitler en 1939 ?

24 Combien de personnes sont écrouées en France au 1er janvier 2021 ?

25 Qui remporte la course cycliste Paris-Roubaix en 2022 ?

26 Quel est le cours en euros d'un kilo d'or en mai 2022 ?

27 Quelle est la contenance d'un magnum de champagne ?

28 Dans quelle ville décerne-t-on chaque année l'Ours d'or ?

29 Quel est le nom du film inspiré d'un jeu vidéo, dont le personnage est interprété par Tom Holland, sorti en février 2022 ?

30 Dans quelle ville se déroulera l'Exposition universelle de 2025 ?

31 Quel est le nom du projet privé visant à envoyer des êtres humains vivre sur Mars en 2032 ?

32 Qui est l'actuel président du Venezuela ?

33 Que signifie l'acronyme RIC ?

34 Combien de pays y a-t-il en Amérique du Sud ?

35 Quelle ville française a été surnommée « La Jungle » suite à l'arrivée massive de migrants dans son port ?

36 Quel club remporte la coupe de France de football en 2021 ?

37 Quel pays a voté l'euthanasie pour les enfants atteints de maladie incurable en février 2014 ?

38 En 2022, quel âge a le Macintosh ?

39 Quelle série Netflix explose les scores et le record du meilleur démarrage fin 2021 ?

40 Qui devient Premier ministre le 3 juillet 2020 ?

Corrigé

1 En 1912.

2 Cassius Clay.

3 Sophie Davant.

4 William Leymergie.

5 Le groupe a été créé en 1987.

6 Les États-Unis.

7 Marcello Quintanilha pour *Écoute, jolie Marcia*.

8 Le réal.

9 La Journée internationale des droits des femmes.

10 Le 21 avril 1926.

11 89.

12 Environ 6 250 000.

13 Le Royaume-Uni.

14 Aucun.

15 Will Smith pour son rôle dans *La Méthode Williams*.

16 48 ans, créé en 1974.

17 Eleveurs et militants ayant constitué un village sur la ZAD de Notre-Dame-des-Landes.

18 Ashleigh Barty.

19 Rafael Nadal.

20 Doha.

21 Les abysses.

22 Réseau éducation sans frontières.

23 Le Pacte d'Acier.

24 1er janvier 2021, 62 673 personnes sont détenues.

25 Le Néerlandais Dylan van Baarle.

26 56 700 euros.

27 1 litre et demi.

28 A Berlin.

29 *Uncharted.*

30 Osaka.

31 Mars One.

32 Nicolas Maduro. Cependant, le pays est en pleine crise politique. Juan Gaido s'est auto-préclamé président par intérim.

33 Référendum d'initiative citoyenne.

34 12 pays.

35 Calais.

36 Paris-Saint-Germain.

37 La Belgique.

38 38 ans.

39 *Squid Game.*

40 Jean Castex.

18 Enjeux contemporains

Entraînement numéro 5

1 Qui a reçu l'Oscar du meilleur second rôle en 2022 ?

2 Qui a reçu l'Oscar de la meilleure actrice en 2022 ?

3 Comment s'appelle l'artiste qui représente la France à l'Eurovision 2022 ?

4 Sous quel édifice parisien se trouve la flamme du soldat inconnu ?

5 Quelle est la superficie de l'Afrique du Sud ?

6 Combien de yens environ je reçois en mai 2022 en échange de 100 euros ?

7 Combien de députés sont élus lors des élections au Parlement d'Andalousie le 19 juin 2022 ?

8 Comment se nomme la plus prestigieuse récompense remise au Festival de Berlin ?

9 Quel est le titre du livre écrit par Juan Branco qui critique les élites en France ?

10 Kurt Cobain, mort il y a plus de 20 ans, était le leader de quel groupe ?

11 Où se situe le Conseil constitutionnel à Paris ?

12 Quel monument parisien fête ses 133 ans en 2022 ?

13 Quelle a été l'issue du procès de Jacqueline Sauvage le 28 décembre 2016 ?

14 Qui devient porte-parole du gouvernement le 6 juillet 2020 ?

15 Quelle région chinoise est en janvier 2020 le point de départ d'une épidémie de la famille du SRAS, un coronavirus ?

16 Quel professeur de microbiologie français, spécialiste des maladies infectieuses tropicales émergentes à la faculté des sciences médicales et paramédicales de Marseille acquiert une notoriété médiatique internationale en 2020 quand, avec son équipe, il affirme avoir trouvé un traitement contre la maladie du Covid-19 ?

17 Au premier trimestre 2022, le PIB de la France, 6e puissance mondiale, s'élève en euros à :

18 Le 10 mai 2019, à quel taux passent les droits de douane américains sur 200 milliards de dollars de produits chinois ?

19 Pour être donneur de sang universel, il faut être du groupe sanguin…

20 Comment s'appelle le grand défilé festif organisé en faveur du commerce équitable ?

21 Qui est le réalisateur du film *The Father* ?

22 Qui occupe le poste de Premier ministre en Israël en mai 2022 ?

23 Par quel laboratoire est produit la Dépakine, médicament accusé de provoquer des malformations en février 2017 ?

24 Dans quelle pays un séisme d'une magnitude de 5,9 fait au moins un millier de morts en juin 2022 ?

25 À quelle date a eu lieu les élections législatives françaises de 2022 ?

26 Dans quel quartier de Bruxelles, le logisticien des attentats de Paris, Salah Abdeslam, a été arrêté le 18 mars 2016 ?

27 Qui est le fondateur du parti politique gaulliste et libéral-conservateur français Les Républicains (LR) ?

28 En psychiatrie, que signifie l'acronyme TOC ?

29 Combien de soldats la France a-t-elle perdu au Sahel depuis 2013 ?

30 Le 21 juillet 2016, une loi a été adoptée par le Parlement au moyen de l'article 49-3 de la Constitution. Laquelle ?

31 Qui est l'entraîneur du Real de Madrid en mai 2022 ?

32 Qui est au premier semestre 2022 le ministre de l'Education nationale ?

33 A quel secteur d'activité appartient le groupe Sanofi ?

34 La NBA, compétition officielle de basket-ball aux États-Unis, est divisée en … conférences ?

35 Le livre *Babylone* de Yasmina Reza, récompensé par le prix Renaudot, a été édité par…

36 Quelle loi votée à la suite du mouvement des gilets jaunes est en partie censurée par le Conseil constitutionnel ?

37 Combien de naissances la France a-t-elle enregistrées en 2021 ?

38 Quel pays remporte l'Eurovision en 2021 ?

39 Un système politique dans lequel la vie politique est dominée par deux grands courants politiques correspond à la définition du…

40 Quel est en 2021 le taux de fécondité en France ?

Corrigé

1 Troy Kotsur.

2 Jessica Chastain.

3 Le groupe Alvan & Ahez.

4 L'Arc de Triomphe.

5 1,22 million de kilomètres carrés.

6 13 700 JPY.

7 109 députés.

8 L'Ours d'or.

9 *Crépuscule.*

10 Nirvana.

11 Au Palais Royal.

12 La tour Eiffel.

13 Elle a été graciée.

14 Gabriel Attal.

15 La région de Wuhan.

16 Didier Raoult.

17 588 milliards d'euros.

18 25 % (contre 10 % antérieurement).

19 O.

20 La Fairpride.

21 Florian Zeller.

22 Naftali Bennett.

23 Sanofi.

24 Afghanistan.

25 12 juin 2022.

26 Molenbeek.

27 Nicolas Sarkozy.

28 Un trouble obsessionnel compulsif.

29 53 soldats français ont été tués au Sahel.

30 La loi Travail.

31 Carlo Ancelotti.

32 Jean-Michel Blanquer, qui est le ministre de l'Éducation nationale, de la Jeunesse et des Sports du Gouvernement.

33 Le secteur pharmaceutique.

34 2, Est et Ouest.

35 Flammarion.

36 La loi anti-casseurs.

37 738 000 bébés sont nés en France, soit 3 000 de plus qu'en 2020.

38 L'Italie.

39 Bipartisme.

40 1,83 enfant par femme.

3 ANALYSE DOCUMENTAIRE

19 Analyse documentaire

Présentation de l'épreuve

Voici les consignes officielles :

L'épreuve dure 3 heures et vous devez répondre au total à 60 questions, réparties de la façon suivante :

1. Analyse documentaire (temps conseillé : 2 h) – 1 QCM de 20 questions : *évaluer votre capacité de recherche, de hiérarchisation et de traitement de l'information.*

3 sous-parties :

> ***A. Questions de repérage :*** *vous devez trouver la réponse à la question posée dans l'un des textes de la base documentaire et cocher la réponse correspondante*
>
> ***B. Questions d'analyse :*** *plusieurs réponses peuvent être attendues pour une question, regardez bien les consignes et le type de case à cocher*
>
> ***C. Questions de synthèse :*** *vous devez répondre à la question qui permettra de construire les grandes lignes de la dissertation permettant de traiter le sujet*

2. Questions de Connaissance des Enjeux Contemporains (temps conseillé : 1 h) – 1 QCM de 40 questions : *tester votre culture générale liée à l'information et votre environnement quotidien.*

20 Analyse documentaire

Le survol des documents (15 min)

Nous vous conseillons de commencer par le survol des documents.

Comment procéder ?

▶ Lire les questions au préalable

Afin de bien organiser son temps et d'être le plus efficace possible, il convient de lire au préalable les questions posées dans la partie « Analyse documentaire ». Ainsi, cette lecture en amont permet de cibler les recherches et de donner une direction à sa prise de notes. En effet, on pourra noter les différents angles d'analyse du sujet, à travers les questions de repérage, d'analyse et bien sur la question de synthèse. Cette dernière contient implicitement le plan et la problématique, ce que nous verrons plus loin. Cette lecture va agir comme un filtre, afin de diriger sa lecture.

▶ Lire le sommaire

Après avoir lu les questions, il est essentiel de procéder à un survol des documents. Cela commence par la lecture du sommaire contenant les titres des documents. Ceux-ci sont très importants pour tout de suite saisir le thème proposé, et les angles d'analyse. Dans un souci d'objectivité et de vérité, un sujet n'est jamais manichéen. En d'autres termes, le dossier documentaire proposera toujours une vision équilibrée et nuancée d'un sujet, ce qu'il faudra comprendre très rapidement afin de gagner en efficacité pour la prise de notes.

▶ Lire uniquement le premier et le dernier paragraphe

Suite à la lecture du sommaire, il convient de lire très succinctement les documents en se concentrant sur les titres, les intertitres, ainsi que le premier et le dernier paragraphes. Pourquoi ? Car ceux-ci concentrent la majorité des informations clés, et permettent de comprendre quel(s) document(s) sont les plus importants, sur lesquels on passera donc plus de temps.

Dès lors, les documents généraux, qui proposent une analyse et donc des arguments, seront traités avec plus d'attention que les documents plus spécifiques, plus anecdotiques, qui eux tiendront lieu d'exemples pour illustrer le thème général.

▶ Associer les éléments de réponse avec les questions posées

Au crayon gris, et ce pour gagner du temps et de l'efficacité, il convient de noter à côté de chaque question les documents qui s'y réfèrent, ce qui permet de gagner un temps précieux par la suite. Il faudra bien penser par la suite à gommer ces indications.

21 Analyse documentaire

La prise de notes (45 min)

Il est vivement conseillé de prendre des notes dans un tableau numéroté selon l'organisation des documents. Ainsi, un tableau numéroté parfaitement organisé permet de gagner du temps.

Aussi, il est conseillé de classer les idées-clés par catégorie (constat/enjeux/limites/conséquences/…). Il ne s'agit pas de faire un résumé de chaque document, mais de réfléchir et d'analyser un thème commun, et collecter des informations en rapport avec les questions posées lues au préalable. On pourra aussi faire des rapprochements entre les documents.

Que faire des « illustrations » ? Elles sont importantes, et ne figurent pas dans le dossier documentaire sans raison. Dès lors, elles sont à la fois des éléments pour comprendre par l'exemple le thème proposé, mais aussi des éléments de réponse aux différentes questions.

Il convient d'être concis, synthétique et d'aller vite : pas plus de 2 à 3 minutes par page de document. Cette lecture est facilitée par l'étape de survol.

Faut-il lire en diagonales ?

Il est souvent difficile de comprendre cette technique particulière, suscitant aussi la peur de passer à côté d'informations essentielles. Le survol, comme nous l'avons vu, est déjà une étape importante permettant de gagner beaucoup de temps.

Dès lors, nous conseillerons donc de lire en diagonales, c'est-à-dire rapidement, en sautant une ou plusieurs phrases des paragraphes dont on aura parfaitement compris le sens et l'intérêt. À défaut, nous recommandons vivement de lire en entier tout document ou paragraphe non compris.

1	Constat : quel est l'apport factuel du document ? Enjeux : en quoi apporte-t-il un éclairage à la thématique commune ? Conséquences/Limites : apporte-t-il des réponses aux conséquences et aux limites du sujet ?
2	Constat : … Enjeux : … Conséquences/Limites : …
3	Constat : … Enjeux : … Conséquences/Limites : …
4	Constat : … Enjeux : … Conséquences/Limites : …

22 Analyse documentaire

Méthode pour les 20 QCM (1 h)

1. Les questions de repérage

La consigne est très claire :

Pour chacune des questions, UNE SEULE proposition est correcte. Seules les bonnes réponses sont prises en compte.

Exemple de question :

Quel auteur est à l'origine de la théorie de la « ruse de la raison » ?

A. Georg Wilhelm Friedrich Hegel

B. Karl Marx

C. René Descartes

D. Mary Shelley

Réponse : A

Explications : La « ruse de la raison » est une théorie mise au point par Hegel et qui traite de l'invention et l'utilisation de machines par l'homme (TEXTE 17). Cette dernière consiste à accomplir ses propres fins par l'intermédiaire d'objets agissant les uns sur les autres conformément à leur propre nature.

Les questions de repérage sont relativement faciles et factuelles, elles nécessitent d'être malin et vigilant. En effet, en ayant lu les questions en amont, et ayant procédé au survol préalable des documents, il est très facile de répondre à ces questions dont le barème n'est pas très élevé.

Il ne faut jamais consacrer trop de temps aux questions de repérage. En effet, le barème (0,25 point à 1 point selon les questions) ne nécessite pas qu'on y passe un temps infini. Trop d'étudiants perdent du temps en passant plus de 15 minutes à fouiller dans le dossier documentaire. Pour anticiper ces recherches de dernière minute, il faut être efficace et appliquer la méthode de lecture et de prise de notes énoncée plus haut.

2. Les questions d'analyse

Il convient de bien comprendre les consignes officielles :

> *PLUSIEURS propositions permettent de construire la bonne réponse à chaque question posée. Sélectionnez uniquement LES propositions appropriées.*
>
> *Notation :*
>
> 1. *Le candidat qui sélectionne toutes les propositions attendues obtiendra la totalité des points.*
> 2. *Le candidat qui identifie au moins la moitié des propositions attendues obtiendra la moitié des points à condition que sa réponse ne contienne aucune erreur.*
> 3. *Le candidat qui sélectionne moins de la moitié des propositions attendues n'obtiendra aucun point.*
> 4. *Le candidat qui sélectionne trop de propositions (même si ces dernières comportent les propositions attendues) n'obtiendra aucun point.*

Exemple de question :

> *Quel message véhicule le « miracle de saint Denis » quant à la situation de l'homme face aux progrès rapides des machines ?*
>
> *A. Les ordinateurs renferment désormais toutes les capacités cognitives de l'homme.*
>
> *B. L'homme est condamné car c'est la fin de toute pensée humaine.*
>
> *C. L'homme est coupé du monde qui l'entoure.*
>
> *D. Seule la capacité d'invention reste entre les mains de l'homme.*
>
> *Réponses : A et B*
>
> *Explications : L'homme a déposé toutes ses capacités cognitives dans les ordinateurs qui sont comme des têtes coupées de leurs propriétaires. Cependant, même si l'ordinateur a démultiplié ses capacités, cette révolution ne signifie pas forcément la fin de toute pensée humaine. Elle condamne simplement l'homme à devenir intelligent et à se concentrer sur ses capacités d'invention ou encore de création. (TEXTE 6 et ILLUSTRATION 5).*

Les questions d'analyse nécessitent précision et méthode pour y répondre correctement, et donc obtenir le maximum de points.

De toute évidence, une mauvaise lecture et une prise de notes inefficace auront de lourdes conséquences sur la bonne réponse aux questions d'analyse posées. Il faut impérativement lire les questions avant de lire les documents, nous ne le répéterons jamais assez.

Comment répondre correctement ?

Il faut tout d'abord exclure les questions qui ne correspondent pas à l'esprit des documents. Dans l'exemple ci-dessous, il est utile de s'aider de l'énoncé de la question. Ainsi, le « miracle de saint Denis » est le titre du texte 6 et de l'illustration 5. Si la lecture a été bien effectuée, et la prise de notes efficace, les réponses semblent assez évidentes. Il convient cependant de survoler de nouveau ces deux documents. Une relecture permet donc à la fois d'exclure les réponses farfelues et donc fausses, pour ensuite valider les réponses restantes qui sont donc avérées.

3. La question de synthèse

Cette question a subi des changements, sans pour autant que son esprit en soit dénaturé. En effet, on retrouve toujours les étapes de la synthèse : titre / problématique / introduction / développement / conclusion.

Pour autant, il s'agit toujours de QCM. Voyons ensemble comment réussir cette partie du devoir.

> *Pour chacune des questions, UNE SEULE proposition est correcte. Seules les bonnes réponses sont prises en compte.*

Tout d'abord, il convient d'analyser la question de synthèse qui est proposée. En effet, elle comporte beaucoup d'informations, au premier chef le plan, qui est sous-jacent. Voici un exemple de question :

> *En 1997, après la première grande défaite de l'homme contre la machine aux échecs, un quotidien avait pu interroger en une : « L'homme est-il foutu ? ». Mais l'homme a-t-il raison d'avoir peur des machines ? Vous construirez une réponse structurée, à l'aide d'arguments extraits du dossier.*

Comment comprendre cette question ? D'une part, elle pose un cadre thématique : la relation entre l'homme et la machine. D'autre part, elle sous-entend le plan :

1. « L'homme est foutu ? » : Les enjeux de la place des machines dans la société.

2. « L'homme a-t-il raison d'avoir peur des machines ? » : Les perspectives de la place des machines dans la société.

Dès lors, le plan indiqué est clair, et permet à la fois une bonne prise de notes (on va avant tout chercher les arguments pour envisager ces deux parties, et donc alimenter la réflexion), et des réponses efficaces aux questions posées.

1. Problématique

Cette question de la problématique peut être facilement traitée car il faut trouver la question qui recoupera le thème proposé, ses enjeux et ses perspectives. Bien évidemment, une fois de plus, une lecture efficace et structurée est indispensable pour mener à bien cette étape.

2. Titre

Le titre est une étape indispensable pour la question de synthèse. Il faut précisément le distinguer de la problématique. Il s'agit alors de trouver une phrase, au mode nominal de préférence (sans verbe conjugué) afin de recouper le thème général proposé, dans toutes ses facettes.

3. Résumé

Comment réussir cette étape ? Les maîtres mots sont les suivants : objectivité et précision. En effet, il convient de trouver les termes les plus appropriés, décrivant une réalité neutre de tout jugement.

La nuance est donc de mise.

Là aussi, une prise de notes dans un tableau numéroté bien organisé permet de répondre correctement à l'exercice. L'étape de survol et la lecture préalable des questions sont donc essentielles pour bien comprendre et saisir le thème général du dossier documentaire.

4. Conclusion

Comment réussir l'étape de conclusion ? Il s'agit surtout de trouver les termes les plus appropriés, une fois de plus, dans un souci de cohérence et de vérité. Ne tombez donc pas dans le piège où vous seriez tenté de donner votre avis sur le sujet…

4 ANGLAIS

Nous ne présentons ici que l'épreuve obligatoire d'anglais et ne traitons pas la LV2.

23 Anglais
Présentation

1. Format et contenu

L'épreuve de langues comprend 2 langues vivantes obligatoires dont l'anglais. La structure et la durée (1 heure par langue est conseillée) sont les mêmes pour toutes les langues. C'est le coefficient qui change dans le calcul des résultats selon les écoles.

Langues proposées au Concours SESAME (selon les écoles) : anglais, allemand, arabe, chinois, espagnol, italien, japonais, portugais, russe.

L'épreuve de langues ne comporte qu'une seule partie :

- **QCM (Questionnaire à Choix Multiples) 80 questions** (40 questions en anglais + 40 questions portant sur la 2e langue vivante choisie) de **grammaire, conjugaison et vocabulaire**. Seules les bonnes réponses sont prises en compte.

2. Conseils stratégiques

- **Gestion du temps :** il vous est conseillé de passer autant de temps sur chaque partie qu'elle contribue à la note finale, ce qui donne 30 minutes pour l'anglais et 30 minutes pour la LV2.

- **Un véritable QCM :** jouez la carte QCM à fond. Efforcez-vous de **répondre à toutes les questions posées,** vous ne pouvez pas perdre de points en donnant une mauvaise réponse. La stratégie classique qui consiste à procéder par élimination fonctionne à plein ici. Un mot d'ailleurs sur la « première impression » : ne laissez pas votre envie d'aller vite vous pousser à la faute. Lisez toujours TOUTES les propositions de réponse.

24 Anglais

Conjugaison : les temps, leur formation et fonction

1. La construction des temps en anglais

La conjugaison anglaise obéit à des règles de construction qui ne varient jamais. Le verbe peut être mis à trois formes en anglais :

- La **base** (infinitif sans « *to* ») est toujours employée avec les modaux et l'auxiliaire « *to do* ».
- Le **gérondif** (base + « -ing ») est toujours employé avec l'auxiliaire « *to be* ».
- Le **participe passé** (base + « -ed » *ou troisième colonne des verbes irréguliers*) est toujours employé avec l'auxiliaire « *to have* ».

Nom du temps	Present	Past	Modaux
SIMPLE = *TO DO*	▶ ***Does*** *he work?* ▶ *He* ***works***	▶ ***Did*** *he work?* ▶ *He* ***worked***	▶ ***Will*** *he work?* ▶ *He* ***will*** *work*
CONTINUOUS = *TO BE*	▶ ***Is*** *he* ***working****?* ▶ *He* ***is working***	▶ ***Was*** *he* ***working****?* ▶ *He* ***was working***	▶ ***Would*** *you* ***be working****?* ▶ *He* ***would be working***
PERFECT = *TO HAVE*	▶ ***Has*** *she* ***worked****?* ▶ ***She*** *has* ***worked***	▶ ***Had*** *he* ***worked****?* ▶ *He* ***had worked***	▶ ***Should*** *he* ***have worked****?* ▶ *He* ***should have worked***
PERFECT CONTINUOUS = *TO HAVE + TO BE*	▶ ***Has*** *she* ***been working****?* ▶ *She* ***has been working***	▶ ***Had*** *he* ***been*** *working?* ▶ *He* ***had been working***	▶ ***Will*** *you* ***have been*** *working?* ▶ *He* ***will have been working***

2. La fonction des temps en anglais

A. Le *present simple*

Le *present simple* (auxiliaire « *do* ») est le **temps des généralités** :

- « *What* ***do*** *you* ***do****?* » (« que faites-vous dans la vie ?, quel est votre métier ? »).

L'action n'est connectée à aucun moment en particulier.

C'est aussi le **temps des habitudes** :

- « *I* ***play*** *tennis every Sunday.* » (« Je joue au tennis tous les dimanches. »)

On peut aussi employer le *present simple* pour un **futur certain** (que le locuteur envisage comme certain) :

- « *The plane* ***takes off*** *tomorrow at 10:15 am. Don't be late.* » (« L'avion décolle demain à 10 h 15. Soyez à l'heure. »)

B. Le *present continuous*

Le *present continuous* (auxiliaire « *be* »), à l'inverse, **connecte l'action au moment d'énonciation** : au moment où la phrase est prononcée, l'action est en train de s'accomplir. Elle a commencé et n'est pas terminée.

- « *Sarah* ***is watching*** *TV.* » (« Sarah est devant la télé en ce moment même. »)

⚠ **ATTENTION** L'astuce classique qui consiste à ajouter « en train de » vous pousse souvent à surinterpréter l'emploi de ce temps. Regardez :

- « *I* ***am watching*** *the first season of* Game of Thrones » n'implique absolument pas que vous soyez devant votre téléviseur quand vous prononcez cette phrase. Cela signifie juste que vous avez commencé la saison 1 et que vous ne l'avez pas encore terminée.

Le *present continuous* est aussi (rarement) le temps des **actions/situations futures planifiées** :

- « *I'm seeing my lawyer next week.* » (« J'ai rendez-vous avec mon avocat la semaine prochaine. »)

C. Le *past simple*, temps du récit

Oubliez tout de suite cette vieille idée que le *past simple* est le temps des actions terminées. C'est vrai, mais cela ne vous aidera jamais à choisir le bon temps (la plupart des actions exprimées par le *present perfect* sont elles aussi terminées).

Plus efficace : le *past simple* est le temps du récit. Il permet de se projeter dans le passé, sans prendre en compte le moment d'énonciation. Il s'accompagne systématiquement d'un repère temporel passé.

- « *I* ***visited*** *the Sagrada Familia* ***last month****. It's impressive.* »

Si vous trouvez dans vos questions de QCM les indications temporelles suivantes, vous devez employer le *past simple* :

- « *Ago* » → « *I last saw him 15 years ago.* »
- « *Yesterday* » → « *They called me yesterday.* »
- « *Last* » + période → « *I didn't go to the cinema last week/month/year.* »
- Les années révolues → « *The Berlin wall fell in 1989.* »
- Les siècles révolus → « *Electricity was discovered in the 19th century.* »

Le *past simple* est aussi le temps du présent irréel (voir fiche conditionnel).

- « *It's high time we left* » = il est grand temps que nous partions (et nous ne sommes pas en train de partir = présent irréel).

D. Le *present perfect*, temps du bilan

Inversement, le *present perfect* est le temps qui permet de récapituler. On peut se le représenter ainsi : vous êtes dans le moment présent mais regardez vers le passé. Il s'emploie en l'absence de repère temporel passé :

- « *I **have taken** four exams this month. I'm exhausted.* » (On ne sait pas quand vous avez passé ces concours et on s'en contrefiche. Ce qui importe, c'est le nombre et le résultat.)

⚠ ATTENTION Le verbe « *to go* » est porteur d'une difficulté.

- « *He **has gone to** work* » = il est parti au travail et y est encore.
- « *He **has been to** work* » = il est allé au travail et en est revenu. Notez la préposition « *to* » qui indique le déplacement.

Si vous trouvez dans vos questions de QCM les indications temporelles suivantes, vous devez employer le *present perfect* :

- « *Recently* » → « *I haven't seen him recently.* »
- « *Lately* » (dernièrement) → « *Economic news haven't been very good lately.* »
- « *Just* » → « *They have just come out of the building.* »
- « *Not yet* » → « *I haven't finished that report yet.* »
- « *Never* » (jamais de toute votre vie) → « *I've never eaten frogs.* »
- « *Already* » → « *When's John leaving?* » « *– He has already left.* »
- « *Today* » → « *She has had six coffees today.* »
- « *This* » + période → « *She has been to the cinema 4 times this week/month/year.* »
- « *It's the first time* » → « *It's the first time I've travelled by plane.* »

25 Anglais
Conjugaison : les verbes modaux

1. *Can, could, to be able to*

« *Can* » est le modal qui exprime une capacité physique ou intellectuelle :

▶ « *It's fine, you can throw him in the swimming-pool. He can swim.* »

Comme tous les modaux, il ne se conjugue pas. Si l'on souhaite utiliser un temps autre que le présent, on le remplace par « ***to be able to*** ».

▶ « *I'm learning to swim. In six months, I will be able to swim very easily.* »

« *Can* » peut aussi traduire la notion d'autorisation ou permission :

▶ « *You can't park your car in front of a garage door.* »

« *Could* », version conditionnelle de « *can* », s'emploie pour demander la permission de manière polie :

▶ « *Could I have a beer, please?* »

Ou pour parler de la capacité de manière hypothétique :

▶ « *If I had nothing to do, I could spend the rest of my life on the Internet.* »

2. *May, might, to be allowed to, to be likely to*

« *May* » est le modal qui permet de demander la permission de faire quelque chose :

▶ « *May I leave the table, please?* »

À la forme affirmative, il permet logiquement de dire que quelque chose est autorisé :

▶ « *Only paying guests may use the hotel swimming-pool.* »

Si l'on doit conjuguer à un temps autre que le présent, on emploie l'expression « ***to be allowed to*** » :

▶ « *East Germans were not allowed to leave East Germany until 1989.* »

« *May* » sert aussi à dire que quelque chose est probable :

▶ « *It may rain tomorrow* » signifie « il se peut qu'il pleuve demain ».

Si l'on doit conjuguer à un temps autre que le présent, on emploie l'expression « ***to be likely (to)*** » :

- « *I was hoping to get into this school, but it wasn't very likely* » signifie « J'espérais intégrer cette école, mais j'avais peu de chances ».

On ne prend pas vraiment parti en utilisant « *may* ». Prenez l'habitude de le traduire avec la tournure « il se peut que… » qui, elle aussi, est neutre.

« ***Might*** », conditionnel de « *may* », est de moins forte intensité. Il exprime donc l'idée qu'il y a peu de chances que quelque chose se produise, même si l'on ne peut pas dire que c'est impossible :

- « *I might be late to your party* » (= je pense arriver à l'heure mais il se pourrait que j'aie du retard).

3. *Must, should, to have to*

« *Must* » est le modal qui exprime l'obligation :

- « *I must learn my irregular verbs.* »

Comme tous les modaux, il ne se conjugue pas. Si l'on souhaite exprimer l'obligation au passé ou au futur, on emploie « *to have to* » :

- « *My car broke down yesterday. I had to walk back home.* »

Attention aux formes négatives. Traduisez systématiquement « *must* » par « devoir » (je dois/ je ne dois pas = interdiction) et « *to have to* » par « être obligé » (je suis obligé/je ne suis pas obligé = absence d'obligation).

« *Should* », conditionnel de « *must* », en est une version atténuée. Comme en français, il traduit l'idée de conseil :

- « *You really should quit smoking.* »

À la forme négative, il exprime le reproche :

- « *You shouldn't be here. This is private property.* »

« *Must* » permet aussi d'émettre des hypothèses avec une forte certitude :

- « *You haven't eaten for 12 hours. You must be starving* » = tu dois mourir de faim.

4. *Will* vs *to be going to*

« *Will* » et « *to be going to* » ont chacun deux emplois, selon que l'on se place dans le domaine de la **prédiction** ou de l'**intention**.

Expression de l'intention dans l'avenir

Quand on exprime l'intention d'un locuteur (vous ou un autre) dans l'avenir, « *will* » et « *to be going to* » distinguent respectivement les **décisions spontanées** des **intentions préméditées** :

- « *Julie is in the hospital.* »
- « *Really? I* ***will*** *go and visit her, then.* »

Vous venez d'apprendre que Julie est à l'hôpital. Votre décision de lui rendre visite est une **réaction** à cette nouvelle. À l'inverse :

- « *Julie is in the hospital.* »
- « *I know, it's awful!* ***I'm going to*** *visit her tomorrow.* »

Ici, au moment où vous parlez, vous avez déjà décidé de lui rendre visite. On trouve dans « *to be going to* » une notion de **préméditation**.

Prédiction d'événements futurs

Gardons en tête cette notion de préméditation, elle s'applique d'une certaine manière aussi dans ce domaine. En effet, là où « *will* » n'engage que votre **opinion**, « *to be going to* » indique que votre prédiction est fondée sur l'**enchaînement logique des événements**. Regardez attentivement :

- « *I believe that France* ***will*** *win the next World Cup.* » Au moment où cette phrase est prononcée, la coupe du Monde est dans deux ans. Vous n'avez aucun moyen de rendre cette prédiction plus sûre. **Vous n'exprimez que votre opinion en la matière.**
- Le match France-Italie en est à sa 88e minute. La France mène 7 buts à 1. « *That's it. France* ***is going to*** *win.* » Ici, **votre prédiction de victoire se base sur la situation actuelle.** À quelques minutes du coup de sifflet final, il semble difficile d'imaginer que la France puisse perdre.

⚠ **ATTENTION** Le dernier exemple pourrait vous amener à croire que « *to be going to* » ne s'emploie que pour le futur proche. Ce n'est pas le cas, on ne distingue pas réellement les futurs proche et lointain en anglais.

⚠ **ATTENTION** Les subordonnées temporelles futures sont toujours conjuguées à l'aide d'un temps présent *(simple, continuous* ou *perfect*). On n'emploie jamais « *will* » ou une autre tournure du futur.

- « *When you* ***earn*** *enough money, you will be able to buy a car.* »

26 Anglais
Conjugaison : la notion d'aspect

1. L'aspect *continuous*

L'auxiliaire « *be* » permet de connecter l'action ou la situation décrite au moment d'énonciation. Ce moment est souvent le moment présent (c'est le *present continuous*) mais peut aussi être déplacé ; il devient alors un point de repère pour l'énonciation.

A. Point de repère passé ou futur

On dira donc :

- « *I **saw** the film* Prometheus *yesterday* » (l'action est considérée seule).
- Mais « *Yesterday at 09:00 pm, I **was watching*** Prometheus » (l'action est mise en rapport avec le repère temporel « *09:00 pm* », moment où elle était en train de s'accomplir).

On peut de la même manière déplacer le repère temporel vers le futur :

- « *This time next week, I **will be relaxing** on a beach in Hawaï* » (vous savez exactement ce que vous serez en train de faire dans exactement une semaine).

B. Point de repère modal

Prenons un exemple pour poser la discussion :

- « *It's January. I am in Siberia. Of course **I'm freezing**!* » = je meurs de froid (figurativement, bien sûr).

Maintenant, imaginez que vous receviez un appel d'un ami qui vous annonce être en Sibérie. Vous pouvez facilement **déduire** qu'il est en train de mourir de froid. On peut utiliser « *must* » pour tirer la conclusion que votre ami **doit être en train** de mourir de froid :

- « – *Guess what : I'm in Siberia!* »
- « – *Wow, you **must be freezing**!* » (« *must* » = déduction logique, « *be* » = cette déduction s'applique au moment présent).

Tous les modaux peuvent être mis à l'aspect *continuous*.

- (À 5 minutes de la fin de l'examen) « *You **should be checking** your answers* » = vous devriez être en train de relire vos réponses une dernière fois.

2. L'aspect *perfect*

L'auxiliaire « *have* » permet essentiellement en anglais de parler du passé d'un moment d'énonciation. Comme pour l'aspect *continuous*, l'emploi de l'aspect *perfect* dépend du point de repère temporel ou modal de l'énonciation. Il recouvre très souvent la notion d'**antériorité**.

A. Point de repère passé ou futur

On dira donc :

- « *I went to China last year* » (l'action passée est considérée seule).
- Mais « *Until I went to China last year, I **had never seen** a panda bear* » (« avant d'aller en Chine l'an dernier, je n'avais jamais vu de panda »). On doit employer ici le ***past perfect***, parce que **le point de repère temporel est dans le passé**.

On peut aussi prendre un point de repère futur : vous passez un concours dans trois mois et n'avez pas encore révisé vos verbes irréguliers. Vous dites :

- « *I **haven't** really **learnt** all the irregular verbs* » (aujourd'hui), mais vous promettez :
- « *Before I take the exam in 3 months, I **will have learnt** the irregular verbs.* »

Le point de repère est dans l'avenir, il faut donc employer un **future *perfect***.

B. Point de repère modal

Le jour de l'anniversaire de votre mère, vous pensez :

- « *I **should call** my mother* » (« je devrais appeler ma mère » = recommandation dans le présent).

Le lendemain de l'anniversaire de votre mère, que vous avez oublié, vous dites :

- « *I **should have called** my mother* » (« j'aurais dû appeler ma mère » = recommandation qui s'applique à une situation passée).

Autre exemple : vous attendez un ami avec qui vous étiez censé prendre un verre. Cela fait une heure, vous pouvez émettre avec « *must* » l'hypothèse portant sur le passé :

- « *He **must have forgotten.*** » (« Il a dû oublier. »)

Tous les modaux peuvent être mis à l'aspect ***perfect***.

3. L'aspect *perfect continuous*

Cet aspect s'emploie principalement quand on veut insister sur la durée, le déroulement d'une action. Contrairement à l'aspect *perfect* « pur », une phrase conjuguée au *perfect continuous* ne peut contenir d'information chiffrée représentant un bilan.

Ainsi, comparez :

- « *I **have been training** to run a marathon* » (« cela fait un certain temps que je me prépare à courir un marathon »).
- « *I **have run** 4 semi-marathons so far* » (« j'ai couru 4 semi-marathons jusqu'ici »).

27 Anglais
Conjugaison : le conditionnel

1. Les 3 types de conditionnel

Toutes les phrases conditionnelles sont construites de la même manière :

- « *If it rains tomorrow* → *we **will** stay home* » (type 1, réel).
  Condition → conséquence

« *If* » introduit toujours la condition ou une hypothèse dont découle la conséquence.

A. Type 1, conditionnel exprimant une condition réelle

On est ici ancré dans le réel. La condition et la conséquence peuvent se réaliser. La condition est toujours au *present simple*, la conséquence se conjugue avec « *will* » :

- « ***If** the crisis **continues**, many people **will** lose their job.* »

⚠ **ATTENTION** Dans un registre soutenu, on remplace « if » par « should » → « ***Should** the crisis **continue**, many people will lose their job.* »

B. Type 2, conditionnel exprimant une hypothèse dans le présent

On se place ici dans le domaine hypothétique, irréel. L'hypothèse est au *past simple*, la conséquence se conjugue avec « *would* » :

- « ***If I lived** near Fukushima, I **would not** feel safe.* »

⚠ **ATTENTION** Le *past simple* de l'hypothèse ne parle pas du passé mais d'une situation imaginaire actuelle (comme l'imparfait utilisé en français, du reste : « si je vivais près de Fukushima » est bien une hypothèse présente).

Attention aussi au **verbe « être »** : même s'il s'agit d'un archaïsme, on peut le trouver ici sous la forme « *were* » à toutes les personnes :

- « *If I were you* » = « si j'étais vous ».

C. Type 3, conditionnel exprimant une hypothèse dans le passé

Dernier cas de figure, on envisage une hypothèse dans le passé. L'hypothèse est au *past perfect*, la conséquence se conjugue avec « ***would have*** » si elle-même se trouve dans le passé ou « ***would*** » seul si elle se trouve dans le présent :

- « ***If I had grown up*** *in London, I* ***would have*** *learnt to speak English* » (« Si j'avais grandi à Londres, j'aurais appris à parler anglais ») : conséquence passée.
- « ***If I had grown up*** *in London, I* ***would*** *speak English today* » (« Si j'avais grandi à Londres, je parlerais anglais aujourd'hui ») : conséquence présente.

⚠ **ATTENTION** En anglais littéraire, on peut faire disparaître « *if* » du type 3 par le biais d'une inversion sujet-auxiliaire. « ***If*** *I had grown up in London* » = « ***had I*** *grown up in London* ». Ce piège est très fréquent.

2. *Wish* et l'expression du regret

A. Le regret dans le présent

Imaginez que vous receviez une carte postale d'un ami en vacances à Hawaï avec le message suivant : « *I wish you were here.* » Votre ami ne vous invite pas à le rejoindre : il regrette votre absence en ce moment. Le verbe qui suit « *wish* » est conjugué au *past simple* qui a ici une valeur d'irréalité (comme au conditionnel type 2) :

- « *I wish* ***I had*** *a million dollars.* » (« Si seulement j'avais un million de dollars. »)
- « *I wish* ***I looked*** *like Brad Pitt.* » (« Si seulement je ressemblais à Brad Pitt. »)

ASTUCE Traduisez systématiquement dans votre tête « *wish* » par « si seulement ». La présence d'un imparfait en français devrait vous mettre la puce à l'oreille.

B. Le regret dans le passé

Vous voyez certainement maintenant la parenté avec le conditionnel. On peut donc aussi regretter des actions ou situations passées. Le verbe qui suit « *wish* » est au *past perfect* :

- « *I wish* ***I had taken*** *my phone with me.* » (« Si seulement j'avais pris mon portable. »).
- « *I'm sure she wishes* ***she had taken*** *that opportunity.* » (« Je suis sûr qu'elle se mord les doigts d'avoir raté cette opportunité. »)

Ce n'est pas pour rien que l'on évite le verbe « regretter » ici. La traduction est parfois votre ennemie !

C. « *Wish* » conjugué à un temps passé

Si « *wish* » est conjugué à un temps passé, il suffit de savoir quand se situe l'action que l'on regrette par rapport au moment de référence :

- « *We were walking around New York in the blizzard yesterday. We wished we* ***had taken*** *our moon-boots.* » Vous vous baladiez à New York hier sous une tempête de neige. Vous avez amèrement regretté de ne pas avoir emmené vos moon-boots. Il aurait fallu prendre vos bottes AVANT de partir, donc ***past perfect***.
- « *We were walking around New York yesterday and got lost. We wished we* ***had*** *a map.* » Vous étiez perdu et auriez voulu avoir une carte à ce moment-là, donc ***past simple***.

28 Anglais

Grammaire : adjectifs et déterminants

1. Les quantifieurs singuliers : « *little* », « *a little* », « *much* », « *a lot of* »

- « J'ai peu de temps. » = « *I have little time.* »
- « J'ai un peu de temps. » = « *I have a little time.* »
- « J'ai beaucoup de travail. » = « *I have a lot of work.* »
- « Je n'ai pas beaucoup de travail. » = « *I don't have much work.* »

Ces quatre exemples couvrent tous les cas de figure possibles. **Ils s'emploient quand la quantité s'applique à un mot singulier**.

Notez que l'on n'emploie pas « *much* » à la forme affirmative (mais toutes les autres formes de phrases sont autorisées).

Quant à la différence entre « *little* » et « *a little* », elle ne porte pas sur la quantité mais sur l'appréciation : « *little* » est négatif (comme « peu »), « *a little* » positif (comme « un peu »).

2. Les quantifieurs pluriels : « *few* », « *a few* », « *many* », « *a lot of* »

- « J'ai peu d'amis. » = « *I have few friends.* »
- « J'ai quelques amis. » = « *I have a few friends.* »
- « J'ai beaucoup d'amis. » = « *I have many/a lot of friends.* »

Encore plus simple : « *many* » et « *a lot of* » sont parfaitement synonymes, « *many* » s'employant dans tous les types de phrase.

La différence entre « *few* » et « *a few* » est elle aussi appréciative : « *few* » est négatif (« *few friends* » = quatre amis, ce n'est pas assez à mon goût), « *a few* » est positif (« *a few friends* » = quatre amis, mais ce sont d'excellents amis et je m'en contente volontiers).

3. « *Too* » et « *enough* » : attention à la construction

« *Too* » et « *enough* » permettent de porter un jugement sur une qualité : « *too* » exprime un excès (« *this film is too long* »), « *not... enough* » une insuffisance (« *You are not driving fast enough* »).

La difficulté porte sur la construction. « *Too* » se transforme en « *too much* » devant les noms :

- « *This is taking too much time.* »

« *Enough* » se place après les adjectifs :

- « *This appartment is not big enough.* »

4. « *Some* » et « *any* » et la notion d'existence

« *Some* » et « *any* » permettent de dire qu'une certaine quantité ou un certain nombre existent. Vous vous dites certainement que c'est très vague : c'est bien le cas. De même, leurs dérivés « *someone* », « *somebody* », « *somewhere* », « *something* » et « *anyone* », « *anybody* », « *anywhere* », « *anything* » se traduisent par « quelqu'un », « quelque part », « quelque chose ».

« *Some* » et ses dérivés s'emploient dans les phrases affirmatives :

- « *We brought some wine to the party* » (une certaine quantité de vin, du vin).

« *Any* » et ses dérivés s'emploient dans les phrases interrogatives :

- « *Is there any wine left?* » (on ne sait pas s'il reste du vin).

« *Some* » et ses dérivés peuvent s'employer dans les phrases interrogatives quand le locuteur est certain de l'existence de la chose considérée :

- « *Could I have some sugar with my coffee?* » (ici, j'imagine que oui).

5. « *Any* » et la notion d'indifférence

« *Any* » et ses dérivés peuvent aussi exprimer l'idée que tous les choix sont possibles, que « peu importe » :

- « *It's your birthday. We can do anything you want.* »

6. « *No* » et « *not any* » et la notion d'inexistence

« *No* » et « *not any* » soulignent l'inexistence de quelque chose, d'un lieu ou d'une personne. Le quantifieur « *no* » a aussi des dérivés : « *no one* », « *nobody* », « *nowhere* », « *nothing* ». Attention à l'orthographe de « *no one* » : l'espace est à respecter.

« *No* » et « *not any* » sont parfaitement équivalents :

- « *I heard nothing of that speech.* » = « *I did not hear anything of that speech.* »

7. Le pronom « *none* »

« *No* » + un nom peut être remplacé par le pronom « *none* » :

- « *No foreigners are allowed in North Korea. Well, almost none. Dennis Rodman has been there twice.* »

8. Comparatif d'égalité

Le comparatif d'égalité se construit à l'aide de la préposition « *as* ». La structure sera toujours : « *as* » + adjectif + « *as* » :

- « *You can keep this book as long as you need to.* »

9. Comparatif et superlatif d'infériorité (« *less* » et « *the least* »)

Le **comparatif d'infériorité** se construit avec « *less* ». L'élément de comparaison est introduit par la préposition « *than* », ce qui donne « *less* » + adjectif + « *than* » + élément de comparaison :

- « *This appartment is less spacious than the last one I visited.* »

Le **superlatif d'infériorité** se construit avec « *the least* » + adjective :

- « *This is the least spacious of all the appartments I've visited.* »

10. Comparatif et superlatif de supériorité (« *more* » et « *the most* »)

Le **comparatif de supériorité** donne : « *more* » + adjectif + « *than* » + élément de comparaison :

- « *This rule is more complex than the one in the previous paragraph.* »

Le **superlatif de supériorité** se construit avec « *the most* » + adjectif :

- « *The contraction rule is probably the most complex to remember.* »

La difficulté ici est de se souvenir de la règle concernant la contraction des adjectifs. **Tous les adjectifs d'une syllabe** (« *big* », « *short* », « *small* ») **ainsi que les adjectifs de deux syllabes se finissant par** « –y » (« *funny* », « *chilly* », « *lazy* ») **se contractent avec** « ***more*** » **ou** « ***the most*** ». « *Small* » devient donc « *smaller* » et « *the smallest* », « *lazy* » devient « *lazier* » et « *the laziest* ». Comme d'habitude, le « y » se transforme en « i ».

- « *This appartment is bigger than the last one I visited* » → « *more* » a disparu et est remplacé par le son [r], noté « -ER » à la fin de l'adjectif.
- « *This is the biggest of all the appartments I've visited* » → « *most* » est remplacé par « -est » à la fin de l'adjectif. Attention à bien conserver l'article « *the* » en revanche !

11. Exceptions à la règle de contraction

- « *Good* » → « *better* » → « *the best* ».
- « *Bad* » → « *worse* » → « *the worst* ».
- « *Far* » → « *farther/further* » → « *the farthest* ».

29 Anglais
Grammaire : construction de la phrase anglaise

1. « *Since* », « *from* » et l'expression de l'origine d'une action

« ***Since*** » s'emploie pour introduire l'**origine, le début d'une action/situation qui n'est pas terminée**. Logiquement, le verbe est à conjuguer au *present perfect*.

- « *I **have lived** in London **since** I was four.* »
- « *They **have worked** here **since** 1985.* »

Notez que « *since* » marquant l'origine, il est forcément suivi d'un moment. Ce point de repère peut prendre la forme d'une date, d'un âge, etc.

« ***From*** » s'emploie pour introduire **le début d'une action/situation terminée**. Le verbe sera conjugué au *past simple*.

- « *Great Britain directly **controlled** India **from** 1858 to 1947.* »

2. « *For* » et l'expression de la durée

« *For* » s'emploie dès lors que l'on veut parler d'une durée en anglais.

Si cette durée sépare un point dans le passé du moment présent, on emploiera le ***present perfect***.

- « *I **have lived** in London **for** 24 years.* » Dans cet exemple, il s'est écoulé 24 ans depuis mon installation à Londres et j'y habite encore aujourd'hui.

Si cette durée sépare deux points dans le passé, on utilisera à l'inverse le ***past simple***.

- « *He **worked** in this firm **for** 16 years* » (entre 1985 et 2001, par exemple).

3. Phrases affirmatives commençant par une négation

Après « *never* », « *not only* »,« *not once* », « *no sooner* », « *nor* », « *neither* », le sujet et l'auxiliaire sont inversés. Ainsi, on dira « *not only **do you** need to know this rule...* » et « *never **have I** seen a better film* ».

4. Phrases affirmatives commençant par une restriction

Cas très proche, après « *hardly* », « *little* », « *rarely* ». Par exemple, « *little* ***did he*** *know that he would be in London the next day* ».

5. Verbes suivis de l'infinitif

Après « *want* », « *wish* », « *need* », « *demand* » (exiger), « *prefer* », le verbe doit être mis en forme infinitive, alors qu'on utilise le subjonctif en français.

- Il est impossible de dire « *I want that you work* » (faute horrible). On dira « *I want you to work* ».

6. Verbes suivis du gérondif

Tous les verbes exprimant un goût/dégoût pour quelque chose sont suivis du gérondif :

- « *I* ***hate*** *wait**ing*** », « *I* ***love*** *danc**ing*** », « *I* ***can't stand*** *read**ing** books on computers* ».

Ainsi que les verbes exprimant le début, la poursuite ou la fin d'une action :

- « *It started rain**ing** two hours ago* », « *She has stopped smok**ing*** ».

⚠ **ATTENTION** Parfois le verbe « *stop* » est suivi de l'infinitif quand il signifie cesser de faire quelque chose pour accomplir une autre action.

- « *When driving, you should* ***stop*** *(driving)* ***to rest*** *every two hours.* » (« Quand vous conduisez, vous devriez vous arrêter toutes les deux heures pour vous reposer. »)

7. Le gérondif à la suite des prépositions

Une règle primordiale : si une préposition ou un adverbe est suivi d'un verbe, celui-ci est TOUJOURS à la forme gérondif :

- « *You should revise* ***before*** *tak**ing** the test.* » (« Vous devriez réviser avant de passer l'examen. »)

⚠ **ATTENTION** « *To* » est souvent la marque de l'infinitif, mais parfois une préposition. Apprenez par cœur : « *to be* used to, to get *get used to* », « *to commit to* », « *to confess to* », « *to look forward to* ». Ces expressions sont suivies du gérondif :

- « *He confessed* ***to*** *kill**ing** his wife.* » (« Il a confessé avoir tué sa femme. »)
- « *I look forward* ***to*** *go**ing** on holidays.* » (« J'ai hâte de partir en vacances. »)

8. Verbes suivis de la base

« *Make* » et « *have* » expriment une action sur quelqu'un ou quelque chose avec un résultat.

- Pour dire « je lui ai fait apprendre ses verbes irréguliers », on dira en anglais « *I made him learn his irregular verbs* » ou bien « *I had him learn his irregular verbs* ».

Le verbe « *force* » a un sens similaire, mais se construit normalement :

- « *I forced him to learn his irregular verbs* ». « *Force* » est suivi d'un infinitif.

« *Let* » à l'inverse signifie que l'action a été libre de toute influence.

- « Je l'ai laissée partir en avance » se traduira donc par « *I let her leave early* ».

« *Help* » est aussi souvent, mais pas toujours, suivi de la base.

- « Je l'ai aidé à déménager » peut donner « *I helped him **move*** » mais aussi « *I helped him **to move*** ».

A. Voix passive avec « *make* »

- « *I made him learn his irregular verbs* » se transforme en « *he was made **to learn** his irregular verbs (by me)* ». C'est l'infinitif qui réapparaît ici, pas la base.

B. Les verbes de perception

« *Hear* », « *see* », « *feel* », « *watch* », « *listen* » sont également suivis de la base.

- « Je l'ai entendu partir très tôt ce matin » donnera donc « *I heard him **leave** very early this morning* ».

C. Après les expressions « *had better* » (je ferais mieux) et « *would rather* » (je préférerais)

Très belle réplique du film *Muriel* : « *I'd rather **eat** broken glass than **spend** another minute with you.* » (« Je préférerais manger du verre pilé plutôt que de passer encore une minute avec vous. »)

30 Anglais

Vocabulaire : termes et expressions économiques

L'économie est un sujet sur lequel vous êtes attendu. Cette liste vous permettra d'exprimer clairement vos idées dans ce domaine.

the growth index	l'indice de croissance
the primary/secondary/tertiary sector	le secteur primaire/secondaire/tertiaire
to set up/to start a business	créer une société
to raise capital	trouver des fonds
cost savings	la réduction des coûts
to do business with	entretenir des relations commerciales
unfair trade practices	avec des pratiques commerciales déloyales
to share in the profits	participer aux bénéfices
to suffer a loss	subir des pertes
to foot the bill	régler la note
a round-table discussion	une table ronde
to make/strike a deal	conclure un marché
the Board of Directors	le conseil d'administration
gross profit	la marge brute
overhead costs	les frais généraux
tax evasion	la fraude fiscale
profit-sharing	la participation aux bénéfices
a free-trade area	une zone de libre-échange
the black market	le marché noir
foreign trade	le commerce extérieur
a trade agreement	un accord commercial
the trade gap	le déficit commercial

domestic trade	le commerce intérieur
the Gross National Product (GNP)	le produit national brut (PNB)
the Gross Domestic Product (GDP)	le produit intérieur brut (PIB)
the per capita income	le revenu par habitant
supply and demand	l'offre et la demande
to be in the red	être en déficit
the exchange rate	le taux de change
a hard currency	une devise forte
a soft currency	une devise faible
market research	l'étude de marché
to find a market	trouver un débouché
to penetrate a market	conquérir un marché
to phase out of the market	retirer progressivement du marché
a bear market	un marché orienté à la baisse
a bull market	un marché orienté à la hausse
to allow goods in	laisser entrer des marchandises
the Chairman of the Board	le président du conseil d'administration
the C.E.O. (Chief Executive Officer) (US), the managing director (GB)	le P.D.G.
the chief of staff, the head of personnel	le chef du personnel
a company car	une voiture de société
a business trip	un voyage d'affaires
a state-owned company	une société d'état
a small or medium-sized company	une PME
a family firm	une entreprise familiale
a takeover bid	une O.P.A.
a chartered accountant	un expert-comptable
to wind up a business	liquider une affaire
to go out of business	fermer, cesser ses activités
decision making	la prise de décision
a decision-maker	un décideur

31 Anglais

Vocabulaire : connecteurs logiques

Dans la liste suivante, prêtez une attention toute particulière à la construction des connecteurs logiques.

[+ prop.] indique que le connecteur doit être suivi d'une proposition (pour rappel, une phrase complète = sujet + verbe) :

- « *Since **you don't want to cooperate*** » (« puisque vous ne voulez pas coopérer »).

[+ nom] indique au contraire que le connecteur est suivi d'un nom ou d'une périphrase de type « *the fact* » + proposition.

- « *Despite **his refusal** / Despite **the fact that he refused*** ».

[+ verbe] indique que le connecteur est suivi d'un verbe en forme base.

- « *He called so as to **book** a table for six tonight.* »

Catégorie logique	Connecteur	Signification	Remarque	Construction
Objectif	*(In order) to*	Afin de		+ verbe
	So as to	Afin de		+ verbe
	So that	Pour que		+ prop.
	For	Pour	Si suivi d'un verbe, ce verbe est toujours en forme « -ing ». À éviter, un peu lourd.	+ verbe
Cause	*Because of*	À cause de	Connotation négative	+ nom
	Thanks to	Grâce à	Connotation positive	+ nom
	Due to	Dû à		+ nom
	Since	Puisque		+ prop.
	As	Étant donné que		+ prop.
	Out of	Par	« *He did it out of love.* »	+ nom

Conséquence	*So*	Donc		+ prop.
	Thus	Ainsi	Emploi surtout littéraire	+ prop.
	Therefore	Par conséquent		+ prop.
	Consequently	Par conséquent	« *As a consequence* » fonctionne aussi.	+ prop.
	As a result of	Par conséquent		+ nom
	Following	À la suite de		+ nom
Introduire une nouvelle idée	*Moreover*	De plus/en outre		+ prop.
	Furthermore	De plus/en outre		+ prop.
	Besides	Par ailleurs		+ prop.
	Similarly	De même		+ prop.
	Additionally	De plus		+ prop.
Opposition	*Unlike*	À la différence de		+ nom
	On the contrary	Au contraire		+ prop.
	Whereas	Alors que		+ prop.
Atténuation	*Although*	Bien que	La forme « *though* » est orale et se place en fin de phrase.	+ prop.
	In spite of	En dépit de		+ nom
	Despite	Malgré	Notez l'absence de préposition.	+ nom
	Nonetheless	Néanmoins	Aussi « *nevertheless* »	+ prop.
	However	Cependant		+ prop.
	Yet	Pourtant	Doit être placé en début de proposition pour avoir ce sens.	+ prop.
	While	Alors même que		+ prop.
Condition	*Even if/though*	Même si		+ prop.
	Provided	À condition que		+ prop.
	Unless	À moins que		+ prop.
	Otherwise	Sinon		+ prop.

32 Anglais

Verbes irréguliers

La présentation alphabétique des verbes irréguliers est un non-sens pédagogique : il vaut bien mieux les apprendre à partir de la phonétique. Les verbes irréguliers qui suivent sont groupés selon leur mode de transformation.

Base	Past simple	Participe passé	Signification
I	**A**	**U**	
Begin	Began	Begun	*Commencer*
Drink	Drank	Drunk	*Boire*
Sink	Sank	Sunk	*Couler*
Stink	Stank	Stunk	*Puer*
Shrink	Shrank	Shrunk	*Rétrécir*
Ring	Rang	Rung	*Sonner*
Sing	Sang	Sung	*Chanter*
Spring	Sprang	Sprung	*Bondir*
Swim	Swam	Swum	*Nager*
I	**U**	**U**	
Dig	Dug	Dug	*Creuser*
Stick	Stuck	Stuck	*S'en tenir*
Spin	Spun	Spun	*Pour faire tourner*
Cling	Clung	Clung	*S'accrocher*
Fling	Flung	Flung	*Jeter/lancer*
Sting	Stung	Stung	*Piquer*
Swing	Swung	Swung	*Balancer*
Strike	Struck	Struck	*Frapper*
	AUGHT/OUGHT	**AUGHT/OUGHT**	

Base	Past simple	Participe passé	Signification
Teach	Taught	Taught	*Enseigner*
Catch	Caught	Caught	*Attraper*
Buy	Bought	Bought	*Acheter*
Bring	Brought	Brought	*Apporter*
Think	Thought	Thought	*Penser*
Fight	Fought	Fought	*Combattre*
Seek	Sought	Sought	*Rechercher*
	O/OO	**-EN**	
Break	Broke	Broken	*Briser*
Wake	Woke	Woken	*Réveiller*
Speak	Spoke	Spoken	*Parler*
Steal	Stole	Stolen	*Voler*
Freeze	Froze	Frozen	*Geler*
Weave	Wove	Woven	*Tisser*
Choose	Chose	Chosen	*Choisir*
Shake	Shook	Shaken	*Secouer*
Take	Took	Taken	*Prendre*
Forget	Forgot	Forgotten	*Oublier*
I	**I/O**	**I/-EN**	
Bite	Bit	Bitten	*Mordre*
Hide	Hid	Hidden	*Cacher*
Ride	Rode	Ridden	*Monter (à cheval)*
Write	Wrote	Written	*Écrire*
Rise	Rose	Risen	*Augmenter/lever*
Drive	Drove	Driven	*Conduire*
Strive	Strove	Striven	*S'efforcer*
Ee	**E**	**E**	

Base	Past simple	Participe passé	Signification
Bleed	Bled	Bled	*Saigner*
Feed	Fed	Fed	*Nourrir*
Meet	Met	Met	*Répondre*
Feel	Felt	Felt	*Sentir*
Kneel	Knelt	Knelt	*Se mettre à genoux*
Keep	Kept	Kept	*Conserver*
Sleep	Slept	Slept	*Dormir*
Sweep	Swept	Swept	*Balayer*
Weep	Wept	Wept	*Pleurer*
Ea	**E**	**E**	
Lead	Led	Led	*Conduire*
Read	Read	Read	*Lire*
Mean	Meant	Meant	*Signifier*
Deal	Dealt	Dealt	*Régler*
Leap	Leapt	Leapt	*Sauter*
Leave	Left	Left	*Laisser*
	EW	**AWN/OWN**	
Draw	Drew	Drawn	*Dessiner*
Blow	Blew	Blown	*Souffler*
Grow	Grew	Grown	*Cultiver/grandir*
Know	Knew	Known	*Savoir*
Throw	Threw	Thrown	*Jeter*
Fly	Flew	Flown	*Voler*
	OLD/ORE/ONE	**OLD/ORN/ONE**	

Base	Past simple	Participe passé	Signification
Sell	Sold	Sold	*Vendre*
Tell	Told	Told	*Dire*
Wear	Wore	Worn	*Porter*
Swear	Swore	Sworn	*Jurer*
Tear	Tore	Torn	*Arracher*
Bear	Bore	Born	*Supporter*
Shine	Shone	Shone	*Briller*
Show	Showed	Shown	*Montrer*
Bet	Bet	Bet	*Parier*
Let	Let	Let	*Laisser*
Set	Set	Set	*Mettre*
Hit	Hit	Hit	*Frapper*
Quit	Quit	Quit	*Quitter/arrêter*
Cut	Cut	Cut	*Couper*
Shut	Shut	Shut	*Fermer*
Put	Put	Put	*Mettre*
Hurt	Hurt	Hurt	*Blesser*
Burst	Burst	Burst	*Éclater*
Cost	Cost	Cost	*Coûter*

5 ENTRETIENS

33 Entretiens

L'exposé de culture générale

Certaines écoles vous demanderont à l'oral de débuter votre entretien par l'exposé de votre réflexion autour d'un sujet de culture générale. Vous disposerez généralement de 5 à 10 minutes pour faire votre exposé et répondre à d'éventuelles questions que le jury aura à cœur de vous poser sur un point qui aura piqué sa curiosité.

Nos 7 **conseils** pour réussir au mieux l'exposé de culture générale :

1. Commencez toujours par réfléchir avec attention à tous les termes du sujet

Pour le sujet « **Faut-il légaliser le cannabis en France ?** » par exemple :

- **Faut-il ? :** vous devez interroger tous les sens possibles et dérivés. *Pourquoi faudrait-il ? Pour qui ? Quand ? Comment ? Où ?*… Et puis n'oubliez pas qu'un « Faut-il » doit toujours vous amener à envisager le « Doit-on » (point de vue moral, politique, économique, social, sociétal) et le « Peut-on » (point de vue législatif, technique, technologique).
- **Légaliser :** que signifie légaliser ? Qui cela concerne-t-il ? (Les adultes ? Les malades ?) Quels réseaux de distribution ? (Pharmacies ? Hôpitaux ? Coffee shops ? Grande distribution ? Internet ? etc.)
- **Le :** de quel cannabis parle-t-on exactement ? Existe-t-il plusieurs types de cannabis ? Parle-t-on d'un cannabis naturel ? Synthétique ? Du cannabis produit en France ? Ou à l'étranger ?
- **Cannabis :** il existe plusieurs pistes possibles pour le mot « **cannabis** ». Parle-t-on de la culture du cannabis ? De sa commercialisation ? De sa consommation ? De son usage thérapeutique ? etc.
- **France :** le sujet concerne la France certes mais que disent et que font en la matière nos voisins européens ? Les États-Unis ? La Chine ? etc.

Comme vous le voyez, il est possible de « secouer » un sujet de façon assez simple pour en explorer un nombre important de facettes. Ceci dit, après avoir évoqué tous les sens possibles, choisissez ceux qui vous semblent les plus pertinents et qui vous permettent surtout d'abonder au mieux dans le sens votre problématique.

2. Préparez toujours un plan détaillé et rédigez uniquement votre introduction

Vous n'aurez pas le temps de tout rédiger. Concentrez-vous donc sur votre introduction : **chiffre / fait / actualité + définition des termes du sujet + problématique + annonce de plan** que vous devrez rédiger en entier. Pour le reste, un plan détaillé suffit pour vous aider à développer oralement.

3. N'avancez jamais d'arguments sans exemples

Votre raisonnement doit reposer sur des arguments, c'est entendu, mais à avancer des arguments sans les appuyer par des exemples **(citations, faits d'actualité, exemples concrets, anecdotes personnelles)** vous donnerez l'impression de faire volontairement dans le vague ou dans le flou et vous risquez d'y perdre beaucoup.

4. Soignez votre vocabulaire

Attention aux mots que vous employez : sachez faire appel à un registre soutenu lorsque vous présentez votre travail. Bannissez-en l'argot et les abréviations.

5. Structurez votre plan de façon simple

De façon générale, on considère qu'un « bon » plan comprend deux ou trois parties, chacune étant divisée en deux ou trois sous-parties.

Le choix entre deux et trois dépend de votre inclination personnelle, mais sachez respecter une symétrie : vos parties doivent être d'une taille approximativement équivalente.

Les structures les plus courantes pour un plan sont : **le classique « oui… mais… »** (en deux parties) ; **le « thèse… antithèse… synthèse… »** (en trois parties), **le plan chronologique**, et le plan thématique – ces deux derniers cas s'appliquant aussi bien aux structures en deux parties qu'à celles qui en comprennent trois.

6. Soignez votre introduction !

Si l'on peut vous pardonner d'avoir certaines phrases un peu maladroites dans votre développement, vous n'avez pas le droit à l'erreur dans le cadre de votre introduction.

C'est la « vitrine » de votre discours : si elle est décevante, votre jury risque de ne même pas prendre la peine d'écouter la suite.

7. Une règle en or

Lorsque vous passez devant un jury, le jury attend de vous que vous sachiez procéder à des **transitions de qualité** entre vos sous-parties et entre vos parties. Les jurys des Grandes Écoles y sont très sensibles.

Surtout, si vous séchez sur un sujet et que vous avez du mal à « broder », essayez de vous appliquer au niveau de vos transitions. Annoncez très clairement au jury où vous en êtes à chaque étape de votre exposé. N'hésitez pas ainsi à dire : « Je vais commencer par mon introduction », puis « Pour ce qui est de la première partie de mon développement »… « Pour ce qui est de la seconde partie de mon développement »… « Pour conclure ». Comprenez qu'il est important qu'à défaut d'avoir beaucoup de matière, vous soyez au moins capable de montrer au jury que vous êtes très structuré.

Exemples de sujets

- **Qu'est-ce qu'entreprendre ?**
- **Pour ou contre les « golden parachutes » des grands patrons ?**
- **Faut-il interdire les délocalisations ?**
- **La publicité sert-elle encore à quelque chose ?**
- **L'argent fait-il le bonheur ?**
- **Pour ou contre la méritocratie ?**
- **Le changement amène-t-il le progrès ?**
- **La femme est-elle l'avenir de l'homme en politique ?**
- **L'être et le devenir**
- **Les dangers d'Internet**
- **Croire en soi**
- **Faut-il du charisme pour être dirigeant ?**
- **Y a-t-il une éthique des affaires ?**
- **Qu'est-ce qu'un patron ?**
- **La gratuité rapporte-t-elle à l'entreprise ?**
- **L'entreprise citoyenne : une utopie ?**
- **Doit-on donner la priorité au développement durable ?**
- **Recrutement dans les entreprises : que pensez-vous de la discrimination positive ?**
- **Y a-t-il un management au féminin ?**
- **Les réseaux sociaux sur Internet**
- **La révolution est-elle un phénomène périmé ?**
- **Commentez cette formule : « La décision est souvent l'art d'être cruel à temps »**
- **La réalité peut-elle être virtuelle ?**
- **À quoi servent les utopies ?**
- **L'avenir est-il imaginable ?**
- **Les paradis fiscaux**
- **Avons-nous besoin d'un libre arbitre ?**
- **Peut-on se faire une idée de tout ?**
- **Que doit-on faire de ses rêves ?**
- **La précaution peut-elle être un principe ?**
- **La téléréalité**
- **Le rôle des marques dans notre société**

34 Entretiens

Pourquoi une école de commerce et de management ?

Cette question vous sera posée à coup sûr durant votre entretien. Voici le raisonnement que nous vous conseillons vivement de suivre.

Vous voulez être manager, n'est-ce pas ?

Et oui, si vous ne voulez pas être manager (responsable, directeur, chef d'entreprise, créateur de start-up, etc.) alors refermez ce livre ! Si vous passez des concours, c'est précisément pour devenir manager et viser à moyen / long terme des postes à responsabilité, (ex. : directeur des ventes, directeur marketing, responsable de desk, responsable achats, etc.) autrement dit, les plus hautes fonctions qu'une entreprise peut vous offrir.

OR

Pour être un bon manager, vous devrez acquérir un nombre important de savoirs, de savoir-faire et de savoir-être.

Les savoirs c'est l'ensemble des notions à connaître pour bien exercer sa fonction (cours de comptabilité, de gestion, de marketing, d'entrepreneuriat, de langues, etc.). **Les savoir-faire** regroupent beaucoup de choses : les études de cas, les cours animés par des professionnels de l'entreprise, les jeux d'entreprise, les stages en entreprise, etc. Quant aux **savoir-être**, il s'agit de tous les réflexes et de toutes les postures et qualités qui permettent d'endosser le rôle de manager et de réussir sur le long terme (sens des responsabilités, écoute, curiosité, gestion du conflit, prise de décision, empathie, prise de parole en public, charisme, confiance en soir, sens de la négociation, pouvoir de conviction). Ces savoir-être s'acquièrent dans le cadre des travaux en groupe (avec des profils, formations d'origine et nationalités différentes), des présentations orales, de la vie associative, des forums entreprises, des échanges universitaires, etc.

PAR CONSÉQUENT

Si vous voulez acquérir tous ces savoirs, savoir-faire et savoir-être en un seul et même lieu, alors vous devez passer par une Grande École de commerce et de management.

Vous êtes en effet convaincu qu'une Grande École de commerce et de management constitue de loin la meilleure antichambre, le meilleur lieu pour acquérir de façon originale et efficace de nombreux savoirs et savoir-faire mais aussi pour développer, tester et mettre à l'épreuve tous ces savoir-être qui font la différence sur le long terme et qui permettent assurément de faire de belles carrières en tant que manager.

35 Entretiens

Comment se préparer à l'entretien individuel ?

1. RÉFLEXION

– Votre projet
– Vos expériences
– Votre personnalité
– Les Écoles d'ingénieurs

2. RECUEIL

– Votre projet
– Vos expériences
– Votre personnalité
– Les Écoles d'ingénieurs
– L'École
– La ville et la région

3. CONSTRUCTION

– Votre projet
– Vos expériences
– Votre personnalité
– Pourquoi une École d'ingénieurs ?
– Pourquoi cette École ?

4. ENTRAÎNEMENT

1. Connaître la brochure site web de l'école dans ses moindres détails

▶ Objectifs : connaître...

- Le slogan de l'école, ses valeurs, ses ambitions
- La vision du directeur
- Les programmes d'études et d'échanges
- Les possibilités offertes au niveau Master 1 et Master 2
- Quelques noms et parcours de professeurs
- Quelques noms d'associations et leurs activités
- Quelques noms d'anciens qui ont réussi

2. Rendre visite à l'école dans le cadre d'une journée portes ouvertes et d'un salon étudiant

▶ Objectifs :

- Discuter avec un responsable de l'école dont vous retiendrez le prénom et le nom
- Discuter avec des étudiants de l'école dont vous retiendrez là encore les prénoms et noms
- Poser toutes vos questions afin d'être sûr d'avoir bien compris tout ce que l'école peut vous offrir

3. S'abonner à tout ce que l'école offre en ligne

▶ Objectifs :

- Liker les pages Facebook, Twitter et autres...
- Communiquer votre adresse mail pour que l'on vous envoie des newsletters ou infos éventuelles
- S'abonner à un flux Google Actualités afin de recevoir toutes les news relatives à l'école
- Retrouver sur Facebook des anciens de l'école et leur demander comment se passe leur vie après en avoir été diplômé

36 Entretiens
Maîtriser le fond et la forme

1. Le fond

A. Structurez vos propos

[1. Tout d'abord… (1)… (2)… Ainsi/Enfin]

Voici la base de tout propos structuré. Si l'on vous pose une question d'actualité ou une question qui appelle une réponse circonstanciée, ayez donc le réflexe de prendre 3 ou 4 secondes avant de répondre et ce, dans le but de structurer votre réponse.

« Comment vous voyez-vous dans 10 ans ? »

« J'aimerais ***tout d'abord*** *faire la différence entre la façon dont je me vois au niveau professionnel* ***(1)*** *et la façon dont je me vois au niveau personnel, privé* ***(2)****. D'un point de vue professionnel, j'espère que… D'un point de vue plus personnel, j'aimerais beaucoup…* ***Ainsi****, comme vous le voyez, mes objectifs personnels et professionnels ne sont pas très éloignés… »*

[2. D'un point de vue politique / économique / social / culturel / technologique / écologique / éthique…]

Il convient à l'oral de montrer au jury que votre vision des choses n'est pas linéaire et que vous êtes capable d'approcher les questions qui vous sont posées **sous des angles divers et variés.**

« Que vous a inspiré le Printemps arabe ? »

« Je retiens avant toute chose ***le rôle qu'ont joué les nouvelles technologies et les médias****… On a ainsi parlé de « révolution Facebook » ou encore de « révolution Twitter »…*

Il me tient aussi à cœur d'aborder ***la dimension sociale*** *du Printemps arabe et plus précisément la place que la femme occupe dans des pays comme la Tunisie ou l'Égypte… »*

[3. L'approche « Contexte / Objectifs / Moyens / Résultats / Apports »]

Lorsque vous relatez une expérience professionnelle ou extra-scolaire, il peut être bon de l'approcher sous l'angle **COMRA : Contexte, Objectifs, Moyens, Résultats, Apports.**

*« **(Contexte)** En juillet 2015, je venais d'obtenir mon baccalauréat et j'avais alors décidé de rester sur Paris et d'y passer mes vacances d'été. » **(Objectifs)** Je souhaitais avoir une première « longue » expérience en entreprise et être un salarié à part entière, un salarié qui compte dans l'entreprise. **(Moyens)** J'ai alors postulé à une offre chez McDonald's et je suis rapidement devenu équipier au McDonald's du quartier des Halles de début juillet à fin août 2015. J'étais heureux d'occuper ce poste qui exigeait beaucoup de polyvalence et qui allait me permettre de comprendre efficacement le fonctionnement d'une entreprise et surtout de bien comprendre quel serait mon rôle. **(Résultats)** Je pense qu'en 2 mois, j'ai énormément appris : préparer les commandes en cuisine, tenir une caisse ou encore veiller à la propreté du restaurant (cuisine, sanitaires, etc.) J'ai su démontrer mon efficacité en cuisine (j'ai notamment en période de rush réussi à préparer 60 Big Mac en moins de 5 minutes !) et mon manager a apprécié ma capacité à être respectueux des procédures de prise de commandes en caisse. **(Apports)** Cette expérience m'a beaucoup apporté : la rigueur, l'écoute, la ténacité et surtout un grand sens de l'humilité et du respect. Il n'y a pas de sot métier et quel que soit son niveau dans la hiérarchie, on joue toujours un rôle essentiel dans l'entreprise et on fait toujours partie d'un tout. Si mon travail est bien fait, alors les répercussions sur les autres membres de l'équipe sont bénéfiques et tout avance dans le bon sens, pour le plus grand bonheur des clients. »*

B. Attention aux derniers mots prononcés

Faites très attention aux derniers mots que vous prononcez lorsque vous terminez une phrase. L'expérience montre en effet que le jury rebondit dans 9 cas sur 10 sur les 2 ou 3 derniers mots qui concluent votre propos.

Ainsi par exemple, en terminant votre propos par *« ... d'ailleurs, si j'intègre votre école, je souhaiterais vivement effectuer **un échange universitaire au Brésil.** »*, et bien il y a toutes les chances que votre jury vous invite à détailler plus avant votre intérêt pour les échanges universitaires et surtout votre intérêt pour le Brésil.

Cette technique est redoutable car elle vous permet d'une certaine façon de « manipuler » votre jury de façon intelligente. Il vous suffit en effet de « placer » en fin dc phrase un dossier que vous maîtrisez parfaitement et il y a alors toutes les chances que le jury souhaite en savoir plus. Et sans s'en rendre compte, le jury vous pose des questions dont vous connaissez déjà les réponses !

Notez bien que si vous souhaitez que cette technique fonctionne alors vous devrez absolument en garder sous le coude. Vous devrez ainsi ne pas hésiter à terminer votre phrase par un élément que vous n'avez pas encore développé et convoquer une pause de quelques secondes, pause dont le but est d'inviter bien sûr le jury à vous poser la question que vous attendez !

Il va sans dire que cette technique doit être utilisée avec parcimonie, sinon elle risquerait de perdre toute son efficacité... Les jurys ne sont jamais dupes.

C. Désamorcez les questions difficiles et délicates

Ne partez pas de l'idée que vous pourrez anticiper toutes les questions, vous n'y parviendrez pas. Si certaines questions sont attendues, d'autres, découlant souvent de vos expériences ou ce que le jury perçoit de vous, sont plus difficilement sujettes à anticipation.

Il vous faut donc pour partie vous préparer… à ne pas être prêt, à être surpris, désarçonné sans doute, par une question imprévue. Pour autant, il est possible, dans une certaine mesure, de se préparer à être surpris.

Pour ce faire, trois méthodes principales :

1. **Faites une pause** avant de commencer à répondre. Cette technique présente plusieurs avantages, et notamment celui de vous permettre de réfléchir quelques secondes à ce que vous allez répondre.
2. **Reformulez la question**. Vous vous donnez en effet du temps et avez de surcroît la possibilité, dans votre reformulation, de réorienter la question dans un sens vous convenant mieux.
3. **L'humour**. À condition de ne pas en abuser, l'humour constitue une efficace façon de répondre… sans toujours répondre.

2. La forme

[1. Votre ton et votre débit]

Travailler votre ton signifie que vous devez être capable, comme un acteur suivant les textes qu'il joue, de faire varier votre ton suivant les circonstances, les publics (selon que vous vous adressez à un professionnel, un étudiant en dernière année ou un professeur) et les moments.

Pour ce qui est de votre débit :

Plus un orateur parle vite, moins son auditoire retient ce qu'il dit.

N'oubliez pas, par ailleurs, que certains membres de jurys prennent des notes durant votre entretien… si vous leur en laissez le temps ! Vous devez donc absolument surveiller votre débit.

[2. Votre élocution]

Les jurys sont unanimes à constater, et à déplorer, que nombreux sont les étudiants parlant non seulement très vite mais, par voie de conséquence, mangeant également leurs mots. N'en faites pas partie.

[3. Votre intonation]

L'intonation donne de la vie à votre propos et vous permet surtout de faire comprendre et partager à votre auditoire les termes et mots les plus importants et les plus significatifs pour vous.

Marquer votre intonation signifie que vous allez distinguer, dans votre propos, certains mots ou expressions et les accentuer pour partager avec votre auditoire l'importance que vous leur accordez.

Vous les accentuerez de plusieurs façons. Tout d'abord, vous les prononcerez plus fort, afin de les faire ressortir, jaillir en quelque sorte du reste de votre phrase. Vous pouvez également, dans certains cas, user d'une technique mise en œuvre par certains orateurs et consistant à laisser un petit silence avant et après le mot, et ce dans le but de le faire mieux ressortir des mots l'entourant.

[4. Votre posture générale]

Votre corps parle. Votre démarche parle. Votre poignée de mains parle. La façon dont vous êtes assis parle. Vos mouvements et vos gestes sont autant de mots. Quand vous vous taisez, vous parlez quand même ou, plus exactement, votre corps parle pour vous.

Vous devez donc veiller à ce langage de votre corps que, consciemment ou pas, certains membres de jury décoderont et traduiront. Avant même que votre entretien ne commence, vous avez en fait déjà commencé. En entrant dans la salle, en montrant votre corps en mouvement aux membres de votre jury, vous communiquez déjà envers et avec eux.

Attention à vos jambes ! Ne les remuez pas. Vos mains ! Ne les croisez pas. Posez-les simplement sur la table.

[5. Votre regard]

Vous devez impérativement regarder les jurys droit dans les yeux bien en face, sans baisser les yeux.

Si c'est vraiment très difficile pour vous de tenir le regard alors visez de temps à autre la partie basse du front… Si vous êtes à quelques mètres du jury alors il n'y a aucun risque pour qu'il s'en rende compte.

[6. Vos sourires]

Vos sourires doivent rythmer votre échange, en marquer et en accentuer les moments importants. Bien entendu, souriez toujours en tout début d'entretien ainsi qu'à la toute fin, cela va sans dire. Souriez également lorsque vous abordez des expériences heureuses de votre vie. **Souriez enfin pour exprimer vos doutes ou votre scepticisme.**

Une chose est sûre en tous cas : mieux vaut sourire trop que pas assez !

[7. Vos silences / vos pauses]

La première famille de silences dont vous devez savoir user sont les silences que vous allez faire **avant de répondre**.

Suite à certaines questions en effet, vous devez prendre un temps, une pause, donc faire silence, avant de vous lancer et de répondre. Sans qu'il soit question de procéder ainsi de façon systématique, vous ne devez pas hésiter à le faire.

Ce silence, d'une durée de quelques secondes, précédant votre réponse remplit en effet plusieurs fonctions importantes. Tout d'abord, il vous permet de réfléchir rapidement et d'ordonner votre réponse. Prenons un exemple. La question qui vous est posée porte sur ce que vous avez appris lors de telle ou telle expérience, un stage par exemple. Les quelques secondes que vous allez vous accorder vous permettront de rassembler les éléments de votre réponse et de la structurer. Vous commencerez ensuite à répondre : « au fond, si je fais le bilan, trois choses essentielles… ».

Souvenez-vous que les jurys n'apprécient que modérément les candidats trop préparés. La seconde raison d'être de votre silence réside en le fait que vous donnerez ainsi l'impression de ne pas avoir trop préparé, donc de rassembler vos idées suite à la question.

Dernière fonction de votre silence introductif : vous flattez votre interlocuteur en lui faisant comprendre que vous considérez sa question comme importante, donc justifiant un temps de réflexion avant d'y répondre.

La seconde famille de silences est constituée de **silences internes à vos réponses,** donc contenus en elles.

Il s'agira des silences que vous observerez avant et/ou après un mot, une expression, un chiffre important. Afin de les faire mieux ressortir, vous devez encadrer vos éléments clés par deux silences d'une seconde, afin de laisser le jury se pénétrer tout à la fois de ce que vous venez de dire et du fait que les silences que vous avez observé signifiaient l'importance que vous lui accordiez.

[8. Votre tenue]

Pour une fois, le mieux n'est pas l'ennemi du bien. Comme vous le savez, les jurys d'admission apprécient que les étudiants se présentant à eux se vêtent « façon cadre ». En d'autres termes, vous n'avez pas le choix, et surtout pas le choix de prendre des risques inutiles.

Si le costume ou le tailleur, suivant votre sexe, semble donc préférable, vous devez prendre une précaution supplémentaire.

Le port de vêtements inhabituels participera à votre prise de conscience des enjeux, mais également du stress en découlant. Vous devez donc impérativement veiller à ne pas en rajouter. Pour ce faire, vous devez vous sentir bien dans vos vêtements et vos chaussures. **Soyez donc attentif à ne pas porter de vêtements un peu justes ou trop neufs, ils vous handicaperaient dans vos mouvements et votre expression, donc dans votre bien-être.**

37 Entretiens
Le triangle des attentes

1. Le triangle des attentes vous aide à bien gérer vos enchaînements

Le triangle des attentes

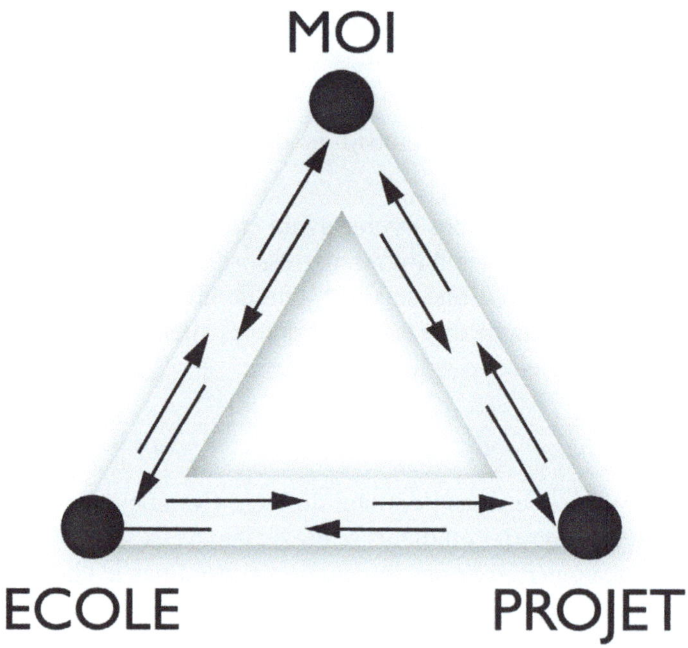

Ce triangle synthétise **les différents grands champs d'attente des jurys d'entretien.** Chacune des trois pointes correspond à une attente majeure, le cœur des attentes des jurys se situant dans les interrelations entre les pointes.

2. Les jurys attendent que vous vous connaissiez bien

Cette connaissance de vous-même doit vous amener, non seulement à cerner vos qualités, vos défauts et vos caractéristiques, mais également à savoir aller chercher, dans vos expériences, ce qui explique et justifie votre projet.

Ce point est en effet essentiel. **Le propos n'est donc pas tant que vous vous connaissiez, mais plutôt que vous alliez chercher en vous tout ce qui – traits de personnalité et expériences – vient nourrir et expliquer votre projet.**

Votre projet vous est, en soi, naturellement connu. Mais les très bons candidats vont plus loin et établissent un lien logique (symbolisé par la flèche à double sens sur le côté droit du triangle) entre leur projet et eux-mêmes, cherchant à convaincre du fait que ce projet est leur parce qu'ils sont comme ils sont. La recherche de cette harmonie est importante, en ce sens qu'elle vous permettra par exemple d'effectuer des enchaînements logiques entre vos expériences et votre projet, le cas échant avant même que le jury vous questionne sur la nature de votre projet.

À l'identique, votre projet requiert, pour son aboutissement, votre entrée dans l'école à laquelle vous postulez. C'est pourquoi, au sein des connaissances et informations que vous avez recueillies sur votre future école, vous devez sélectionner et conserver celles qui vont dans le sens de votre projet et qui justifient que vous frappiez à la porte de cette école et pas d'une autre. Parallèlement, l'école, par ses spécificités, viendra nourrir et affiner votre projet, d'où, de nouveau, la flèche à double sens sous le triangle.

Enfin, dernier point, les relations entre l'école et vous. Là aussi, vous devez plus raisonner en termes de liens que de juxtapositions. En d'autres termes, vous devez établir un lien entre vos qualités, goûts et aptitudes et votre future école. Si les étudiants savent souvent répondre à la question de savoir ce que leur future école va leur apporter, ils ne réfléchissent souvent pas assez à l'autre dimension : ce qu'ils vont pouvoir apporter à leur école.

Le jury considère, à juste titre, que votre intégration se traduira par un échange. Certes, votre future école vous apportera la connaissance de l'entreprise et de ses rouages, les moyens d'affiner votre projet professionnel et une ouverture sur le monde (stages, échanges). Mais la question inverse présente, pour votre jury, un grand intérêt : vous, qu'allez-vous pouvoir apporter ? Vous allez en effet, de par vos expériences ou vos centres d'intérêt, jouer un rôle dans votre future école et le jury ne demande pas mieux que vous entendre évoquer concrètement cette future immersion.

38 Entretiens

Les 4P

Les 4P constituent les premiers mots, les premières phrases de votre présentation. Vous devez les travailler avec beaucoup de sérieux. Un bon candidat consacre généralement entre 5 et 6 heures de travail sur ses 4P afin de choisir les bons mots, les bons exemples, les bons arguments et surtout afin de les répéter jusqu'à les connaître par cœur !

En général, vos 4P durent entre 3 minutes 30 et 4 minutes 30. Idéalement, essayez de ne pas dépasser 4 minutes. Sachez que le jury pourra vous couper en plein milieu de votre présentation. Ce n'est pas bien grave (au contraire même). N'oubliez pas, si l'on vous coupe, de revenir à un moment ou à un autre de l'entretien sur le ou les P que vous n'aurez pas eu le temps d'aborder durant votre présentation. Car en plus de constituer le corps de votre présentation, les 4P contiennent les « grosses cartouches » de votre entretien, celles qui vous feront marquer beaucoup de points. Alors hors de question de sortir de la salle d'entretien sans avoir aborder d'une façon ou d'une autre l'ensemble de vos 4P.

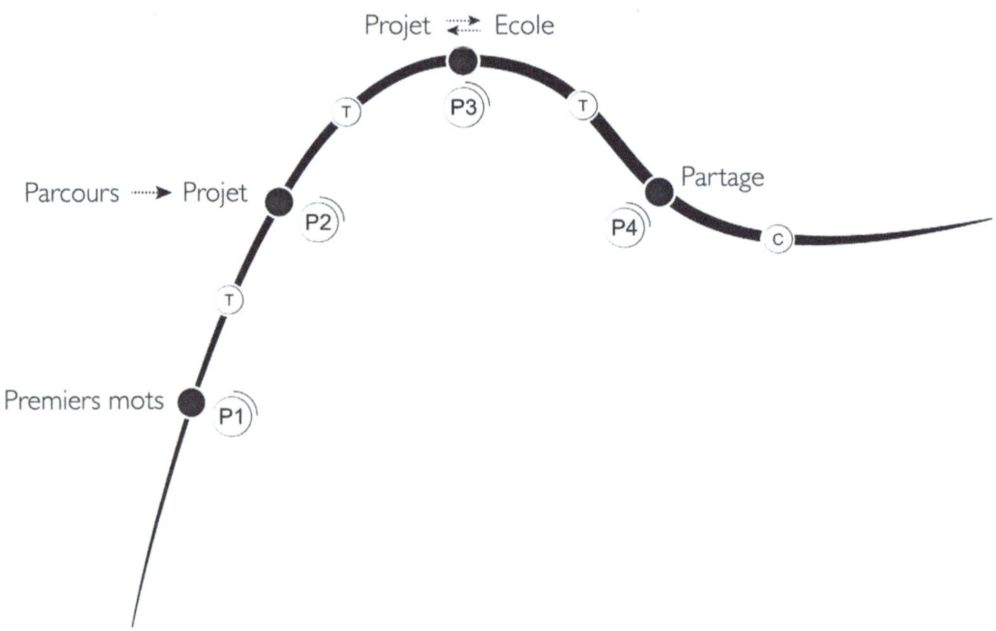

Anne-Sophie, admise à l'ESSEC BBA	
Âge	17 ans
Admission	Post Bac
École cible	ESSEC BBA

P1 Bonjour, je m'appelle Anne-Sophie Costa, j'ai 17 ans et je vis actuellement à Ajaccio en Corse. Je tiens d'abord à vous remercier de m'accorder cet entretien au cours duquel je vais vous faire part de mes motivations pour intégrer le programme BBA de l'ESSEC.

T **J'aimerais dans un premier temps vous parler de mon parcours académique, puis de mon projet professionnel.**

P2 Je suis actuellement en Terminale ES option Anglais au Lycée Fesch d'Ajaccio. En troisième et en seconde, j'ai effectué deux séjours en familles d'accueil en Angleterre afin de perfectionner mon anglais. Grâce à mes progrès, j'ai pu décrocher un stage d'été au sein d'un centre de loisir international où j'étais vendeuse sur un stand de produits du terroir corse.
La somme de ces expériences a suscité en moi la volonté de travailler à un poste à responsabilité en commerce international éventuellement dans l'agro-alimentaire.

T **Pour la concrétisation de mon projet, j'ai besoin de passer par une école de commerce, et plus particulièrement par la vôtre.**

P3 Un manager doit être capable de s'adapter à des situations complexes et variées. Il doit être à l'aise dans toutes les disciplines (gestion, management, marketing, droit, etc.). C'est pour cela que je souhaite acquérir de solides connaissances transversales dans différentes disciplines du management. Mais j'ai aussi besoin d'être ouverte sur l'international et donc de faire des stages à l'étranger afin de mieux comprendre les défis que j'aurai à relever dans mes futures fonctions.
Pour mener à bien ce projet, j'ai besoin d'étudier dans votre école, l'ESSEC BBA, et ce, pour plusieurs raisons. La première est l'apprentissage. Votre école a en effet été la première école de commerce post-bac à proposer cette formule très avantageuse. Ainsi, par ce moyen je pourrai alterner périodes de cours et périodes en entreprise, et consolider sur une longue période les acquis de ces deux modèles pédagogiques. La deuxième est que le Bachelor de l'ESSEC est un diplôme reconnu par les universités et les entreprises du monde entier, ce qui favorisera mon intégration professionnelle à l'international.

T **Pour terminer je pense que votre école pourrait m'apporter beaucoup sur le plan de mon épanouissement personnel.**

P4 Grâce à ma passion de la voile que je pratique depuis 4 ans, j'ai pu développer une grande capacité de concentration, mais également une bonne aptitude au travail en équipe. Je sais que l'ESSEC dispose d'une vie associative très riche, et j'ai à cœur d'y prendre part, particulièrement en mettant toute mon énergie au service de, notamment, l'association ESSEC Voile. J'espère avoir ainsi l'occasion de faire briller les couleurs de l'ESSEC lors des différentes compétions auxquelles l'école participera, notamment la Course Croisière EDHEC qui est un évènement majeur dans la vie sportive des Écoles de Commerce. Je suis persuadée en outre que mon aptitude au travail en équipe et ma capacité de concentration, que ces qualités me permettront de tirer pleinement avantage des enseignements dispensés à l'ESSEC, et particulièrement lors des travaux de groupe.

C Je vous remercie de m'avoir écoutée.

39 Entretiens

18 questions incontournables

1 Racontez-nous une expérience dans le cadre de laquelle vous avez eu à faire preuve d'initiative. Parlez-nous d'une expérience où vous avez démontré votre potentiel d'entrepreneur / de leader.

Cette prise d'initiative n'a pas besoin d'être gigantesque ! Même modeste, elle sera de nature à convaincre votre jury de votre aptitude en la matière. L'important ne réside donc pas tant en l'expérience ayant servi de cadre à votre prise d'initiative qu'en votre capacité à en rendre compte de façon concise et structurée.

Quelle que soit l'expérience que vous allez choisir et évoquer, vous devez vous efforcer de situer, en quelques phrases, le contexte ayant présidé à votre prise d'initiative. Puis vous devez clairement expliquer ce en quoi votre action a consisté et ce en quoi elle a représenté une prise d'initiative.

Ne vous arrêtez pas, si vous le pouvez à la seule exposition de votre prise d'initiative. Votre jury appréciera que vous soyez capable d'aller plus loin et d'effectuer le bilan de votre action, donc que vous soyez apte à en tirer leçons et enseignements. Votre initiative a-t-elle été bien reçue ? Quelles difficultés avez-vous rencontré ? Referiez-vous les choses à l'identique ?

En effet, personne ne vous demande d'être infaillible. Vous avez donc absolument le droit de considérer que vous vous y êtes pas très bien pris ou que, si c'était à refaire, vous vous y prendrez, sur tel ou tel plan, autrement.

Votre jury appréciera en tout cas que vous soyez capable de prendre de la distance vis-à-vis de vos propres actions et expériences et que vous en tiriez des enseignements pour progresser. Sans tomber dans l'autocritique à tout crin, n'hésitez donc pas à vous remettre en cause.

2 Racontez-nous votre plus cuisant échec.

Si une telle question vous est posée, vous devez vous demander pourquoi. La réponse résidera souvent en l'impression de trop grande confiance en vous-même que vous avez donné. Si le jury ressent le besoin de vous entendre vous exprimer sur un échec, c'est qu'il a jusqu'alors éprouvé la sensation que vous n'en aviez pas connu beaucoup…

Vous devez donc impérativement rectifier le tir et montrer que vous avez compris pourquoi la question vous était posée, sauf à courir le risque d'être définitivement perçu comme trop parfait…

En second lieu, une question de ce type n'a évidemment pas vocation à vous permettre de tomber dans l'autocritique définitive, mais à apprécier la façon dont vous avez vécu votre échec et dont vous l'avez dépassé. Au fond, la véritable question est celle-ci : qu'avez-vous fait et comment vous y êtes-vous pris pour aller au-delà de votre échec ?

L'enjeu de votre réponse ne réside donc pas tant en l'évocation de l'échec lui-même qu'en votre capacité à le disséquer et le comprendre, ainsi qu'à évoquer les mesures que vous avez su prendre pour le dépasser.

Prenons un exemple. Admettons que vous vous soyez déjà présenté au concours d'entrée à l'école à laquelle vous postulez et ayez été recalé. Vous pouvez tout à fait considérer, si tel est votre cas, qu'il s'agit là de l'échec dont vous allez entretenir votre jury.

Vous devez alors expliquer brièvement que vous avez échoué l'année précédente et ne pas hésiter à préciser que cet échec vous a beaucoup affecté. Vous poursuivez alors en expliquant que vous avez, après une phase de déception, cherché à comprendre les erreurs que vous aviez commises. Suivant les cas, vous évoquerez la mauvaise gestion du temps ou le manque de méthode dans le cas des épreuves écrites, une insuffisante préparation ou une faible maîtrise de l'anglais dans le cas des épreuves orales.

Vous poursuivez ensuite en précisant les mesures que vous avez prises, suite à votre diagnostic, pour pallier vos manques et concluez en considérant que les échecs admis, analysées et compris rendent plus fort et permettent en définitive la réussite…

De nouveau, ce n'est pas tant votre échec en soi qui importera au jury que la description de ce que vous avez ressenti et de la façon dont vous vous y êtes pris pour le surmonter.

3 Pourquoi notre école ?

Cette question n'est pas bien difficile. Revoyez la fiche « Pourquoi une école de commerce ? », reprenez le même raisonnement et illustrez bien sûr vos propos à l'aide d'arguments spécifiques à l'école que vous présentez.

4 Si vous êtes admis dans notre école et une autre (moins bien classée / mieux classée), laquelle choisissez-vous ?

Cette question délicate peut trouver son origine dans les doutes qu'éprouve le jury quant à votre motivation. En d'autres termes, parce qu'il ne vous sent pas très motivé ou très proche de son école, un jury se demandera pourquoi. Dans ce cadre, il cherchera à mesurer votre motivation en vous projetant dans une perspective de choix entre son école et une autre.

La question est délicate parce que vous contraignant, même si vous ne le pensez pas vraiment, à répondre comme le jury l'attend. Les écoles de commerce sont, vous devez le conserver en tête, en concurrence entre elles et apprécient peu les candidats admis et optant pour une autre école que la leur.

Partant, vous n'avez, au stade de l'oral, pas le choix. Vous devez forcément, sauf à vous « griller », déclarer votre préférence pour l'école dont le jury en face de vous garde l'entrée et argumenter en sa faveur. Vous ne savez d'ailleurs pas, à ce stade, si vous serez admis en plusieurs établissements ou pas. Votre présence face à ce jury vous impose de faire le maximum pour intégrer son école, donc de considérer que cette dernière est votre préférée.

Sans nier les qualités des autres écoles et tout en montrant que vous les connaissez également bien, vous devez donc bâtir votre réponse en faisant ressortir les atouts et différences de celle face à laquelle vous vous trouvez. Dans le cas inverse, soyez conscient que vous réduisez vos chances d'intégration, ce qui, du point de vue du jury, est logique : il a en effet pour fonction de mesurer et d'apprécier la motivation des candidats se présentant à lui. Si vous émettez une préférence pour une autre école, il est probable qu'il considérera votre motivation pour sa propre école comme insuffisante.

Par voie de conséquence, face au jury d'une école donnée, soyez sans hésitation : l'école vous correspondant est la sienne, sans ambiguïté, et vous devez l'en persuader en multipliant les arguments (cours, enseignants, valeurs de l'école, associations d'étudiants vous convenant, dynamisme de la région…).

5 Qu'imaginez-vous vivre dans notre école ? Faites-nous vivre une de vos premières journées au sein de notre école (en admettant que vous soyez admis bien sûr).

Cette question n'est pas une question simple. Certes, vous pouvez demeurer générique dans votre réponse, et évoquer « de riches moments d'échange », « des moments humains de qualité », « l'aboutissement de projets multiples »... Mais une réponse de ce type demeurera vague et applicable à toutes les écoles. Vous devez faire mieux.

Une bonne réponse passe par la connaissance intime de votre future école et ses particularités, en termes d'ambiance, de mode de travail en groupe, d'activités festives et collectives. Vous devez en effet comprendre le terme « vivre » au sens fort et plein, comme s'agissant au fond d'une expérience et produire une réponse étroitement liée à l'école et ses spécificités.

De nouveau, l'immersion à laquelle vous vous serez adonné facilitera la production d'une réponse adéquate et distinctive.

6 Que comptez-vous apporter à notre école ? Que comptez-vous apporter de plus que les autres à notre école ? En quoi êtes-vous différent/meilleur que les autres candidats ?

Cette question pourra vous être posée si vous donnez l'impression de penser un peu trop à vous et n'avez pas songé, de vous-même, à évoquer ce que vous étiez à même d'apporter à votre future école. S'il demeure évident que le rapport des apports est déséquilibré et que vous retirerez plus de l'école que vous ne lui apporterez, il importe néanmoins que vous vous placiez dans la perspective d'un échange et ne demeuriez pas égoïste.

Si vous avez travaillé votre « triangle », cette question ne vous désarçonnera pas. Vous devrez en tout état de cause éviter les réponses bateau, du type « mon enthousiasme », « mon dynamisme », « mon envie ». Un peu creuses, ces réponses sont de surcroît appelées à être produites par bon nombre de candidats.

Même si cela n'empêche nullement l'enthousiasme, vous devez donc être plus précis. Ce que vous vous proposez d'apporter à votre future école résidera en vos expériences, vos aptitudes et leurs particularités. Que ces dernières s'inscrivent dans le champ professionnel, culturel ou des loisirs, vous devez les évoquer et expliquer que vous entendez les mettre au service des autres.

Une bonne réponse à cette question passe par la parfaite connaissance préalable du tissu associatif de votre future école. Vos apports résideront en effet de la rencontre, de ce tissu et de vos spécificités. En d'autres termes, vous avez l'intention de vous immerger en une ou plusieurs associations, existantes ou à créer, en fonction de vos expériences. Que vous maîtrisiez les échecs, pratiquiez le théâtre amateur, ayez vécu une expérience humanitaire au Mali, adoriez le cinéma de science-fiction, possédiez un bon niveau en voile ou en tennis, soyez dirigeant d'association ou chantiez dans une chorale importe peu au fond.

7 Que faites-vous si votre candidature n'est pas retenue ? Avez-vous un plan B ?

Il s'agit là d'une question délicate. En effet, répondre par la positive revient à dire que vous n'êtes pas certain d'intégrer l'école de votre choix, répondre par la négative consiste à permettre à votre jury de comprendre que vous êtes quelque peu imprévoyant. Cette question consiste au fond à vous demander si vous avez envisagé l'échec.

Votre réponse doit être structurée en plusieurs temps.

Dans un premier temps, vous devez réaffirmer avec conviction et sans ambiguïté l'intérêt que vous portez à l'école en face du jury de laquelle vous vous trouvez. Naturellement, cette réaffirmation de votre intérêt s'accompagne de l'évocation des principales raisons justifiant ce dernier. Vous profitez donc d'une question envisageant votre échec pour évoquer de nouveau votre motivation, donc visant à réduire encore les possibilités d'un tel échec.

Pour autant, vous devez répondre à la question qui vous est posée. À ce stade, votre réponse doit être claire. Votre jury s'attend à ce que le futur dirigeant d'entreprise ou d'activité que vous êtes montre qu'il possède les qualités détenues à ce niveau de poste. Une des qualités des dirigeants réside en leur aptitude à « avoir un coup d'avance », donc, en d'autres termes, à savoir anticiper.

Par voie de conséquence, vous répondrez donc, dans un second temps, positivement à la question. Parce que vous avez l'étoffe d'un dirigeant, vous avez donc le sens de l'anticipation et avez donc prévu que vous pourriez échouer. Vous avez donc naturellement assuré vos arrières et les évoquez, mais brièvement.

Idéalement, vos « arrières » ne peuvent consister en une autre école de commerce dans laquelle vous seriez admis, mais plutôt en une année universitaire ou l'évocation de stages, logiquement appelés à être effectués dans la perspective de l'affermissement de votre projet professionnel.

Naturellement, vous concluez en précisant que vous êtes quelqu'un de positif, donc que vous ne voulez pas envisager le pire pour l'instant.

8 Quel est votre projet professionnel ?

Cette question est, sous une forme ou une autre, inévitable. L'objectif d'une école de commerce n'est pas de « fabriquer » des diplômés, mais de fournir au marché du travail et aux entreprises les « produits » en adéquation avec leurs besoins.

En toute logique, vous avez donc une idée de projet professionnel, découlant ou illustrée par des expériences et dont la concrétisation passe par le suivi de l'enseignement dispensé dans l'école à laquelle vous aspirez. Et c'est parce que vous avez ce projet que vous avez constaté que son accomplissement passait par l'école à laquelle vous aspirez. **L'école et son diplôme ne sont en effet pas des fins en soi.**

Il demeure évident que les attentes des jurys vont de pair avec le niveau d'expérience et d'études des candidats. Par voie de conséquence, les étudiants issus de classes préparatoires et, *a fortiori*, ceux visant à intégrer une école en admission parallèle sont tenus d'avoir un projet professionnel.

Un projet professionnel se décompose en deux dimensions, voire trois, que sont le poste, le secteur et, le cas échéant, le pays ou la région du monde. De ce point de vue donc, un projet professionnel ne saurait se résumer à « l'envie de travailler à l'international », trop imprécise. À l'identique, « dans le marketing » peut gagner en précision, en évoquant par exemple le poste de chef de produit.

Votre réponse à cette question doit être concise : *« parce que le marketing m'intéresse et m'attire et que le secteur de la téléphonie est porteur et innovant, j'aspire à devenir chef de produit dans la téléphonie »*. Comme vous l'imaginez, cette question sera suivie de plusieurs autres, touchant au secteur et au poste et visant à s'assurer que vous savez de quoi vous parlez, donc que votre projet a une réelle consistance.

Entendons-nous cependant. Vous aurez bien le droit, durant vos études, de changer d'avis ! Rassurez-vous : personne n'ira vérifier que votre projet a évolué ou que vous en avez changé !

9 Et dans cinq ans, que vous voyez-vous faire ? Et dans dix ans ? Et dans vingt ans ?

Il s'agit là d'une question délicate, à laquelle les membres du jury auraient été bien en peine de répondre à votre âge… Ceci dit, si elle vous est posée, vous allez devoir y répondre.

La première précaution à prendre consiste à ne pas aborder la seule dimension professionnelle. Votre jury sera sensible à ce que vous évoquiez également votre vie personnelle, associative, sportive, donc que vous donniez l'impression d'un candidat équilibré et multipolaire.

La deuxième précaution doit vous amener à vous projeter de façon tout à la fois logique et ascendante.

Votre jury s'attend, de façon sans doute un peu conservatrice, à ce que vous soyez logique dans votre trajectoire. En d'autres termes, vous ne pouvez que difficilement évoquer une perspective à cinq (ou dix) ans déconnectée de vos futures études et de l'école à laquelle vous aspirez. Si vous avez présenté un projet professionnel tournant autour de la négociation internationale, votre jury ne s'attend pas à ce que vous vous voyez en apiculteur cinq ans après votre diplôme… Logiquement, il s'attend à ce que vous vous voyez évoluer dans le commerce international. Sans doute serez-vous animateur de radio, directeur de cirque ou maire de votre commune… mais n'oubliez pas que vous devez convaincre votre jury de vous faire confiance. Cette confiance naîtra d'autant plus aisément que votre projection présentera une cohérence par rapport à votre projet professionnel et à vos futures études.

En second lieu, votre jury s'attend à ce que vous soyez ambitieux. Même si être ambitieux ne signifie pas forcément être carriériste, vous devez faire preuve d'une certaine conscience de votre valeur. Vous devez donc, à cinq et *a fortiori* dix ans, vous projeter dans une fonction et à un niveau de manager ce à quoi votre future école entend d'ailleurs vous former.

Si nous prenons l'exemple du marketing, vous pouvez donc répondre que vous vous voyez chef de groupe marketing dans une grande structure ou directeur marketing dans une organisation de taille moindre. Vous convaincrez ainsi votre jury de votre volonté d'ancrage dans votre filière et lui montrerez que vous connaissez les différents échelons hiérarchiques de celle-ci…

10 Pourquoi vous intéressez-vous à… ?

La question ci-dessus présuppose que vous vous intéressez à quelque chose… Il est évidemment nettement préférable que ce soit le cas, sauf à courir le risque de passer, aux yeux de votre jury, pour une personne sans relief et sans grande particularité.

Que vous vous intéressiez à la politique, à la botanique, au micro crédit, au sport, à la peinture impressionniste, aux poupées anciennes ou au théâtre d'avant-garde ou à quoi que ce soit d'autre importera en définitive moins que votre capacité à faire partager vos passions.

Là aussi, deux ou trois arguments précis suffiront, dès lors que vous les illustrez de façon concrète. L'attente des jurys consiste en effet plus à vous entendre expliquer les pourquoi de vos passions.

Dans cette optique, tentez d'éviter les lieux communs en vous demandant pourquoi, au fond, les passions qui sont les vôtres sont les vôtres.

10 Quel fait d'actualité vous a marqué récemment ? Quel fait d'actualité récent n'a pas eu selon vous l'écho qu'il aurait dû avoir ?

Souvenez-vous des attentes des jurys. Ils attendent de vous que vous soyez un « honnête homme », donc, entre autres, école de commerce et de management oblige, que vous soyez au courant de l'actualité, et notamment de l'actualité économique et des entreprises.

Vous suivez donc l'actualité avec attention dans tous les registres. La question qui vous est posée, destinée à cerner vos centres d'intérêt, peut vous permettre d'exprimer un point de vue personnel sur un sujet, traité ou maltraité, par l'actualité. Ne vous sentez pas contraint d'évoquer la dernière augmentation de capital d'une grande entreprise ou une récente intervention de la Présidente du Medef. Vous pouvez en effet profiter de la question pour aborder un thème vous important plus, touchant par exemple au management responsable ou au développement durable.

Parce que vous avez en permanence en tête le triangle des attentes du jury, vous pouvez néanmoins, sans trop en faire, chercher un fait qui vous permette d'établir un lien avec vos futures études, et/ou les valeurs de l'école à laquelle vous aspirez.

Vous pouvez même choisir de répondre en deux temps, en choisissant deux événements. Le premier peut par exemple avoir trait à votre future école et concerner un succès récemment obtenu par elle, le second ayant une portée plus large, plus sociétale, mais que vous pouvez lui rattacher.

12 Comment les autres vous perçoivent-ils ? Comment votre meilleur(e) ami(e) vous décrit-elle ? Quelle empreinte laissez-vous quand vous rencontrez quelqu'un pour la première fois ? Quelle empreinte laissez-vous quand vous quittez un lieu ?

Si vous avez réellement préparé votre entretien donc suivi nos préconisations, cette question délicate ne doit pas vous poser de difficultés particulières.

Pour autant, votre réponse doit être entourée des prises de précaution suivantes. La première d'entre elles consiste à s'appuyer explicitement sur les autres, ceux dont vous avez recueilli les impressions et la perception. Dans ce cadre, évitez de faire référence à des personnes trop proches de vous, dont l'objectivité pourrait être mise en doute, et évoquez préférentiellement un enseignant, un entraîneur, un directeur d'association, personnes de nature à vous évoquer en termes plus neutres.

Deuxième précaution : soyez franc. Ne vous inventez pas des qualités que votre jury pourrait ne pas percevoir. Si vous vous savez un peu réservé ou timide, ne prétendez pas que les autres vous trouvent extraverti et communicatif. Votre jury sera en effet sensible à la cohérence se dégageant de la perception que des tiers ont eu de vous et de celle qu'il a lui-même.

Pour autant, ne vous flagellez pas. Évoquez plutôt quelques qualités, en vous centrant sur des qualités reconnues comme nécessaires ou utiles dans un cadre professionnel et attendez une question sur vos défauts ou vos limites pour les évoquer.

Partant de là, votre réponse peut prendre la forme suivante : « *Je sais que nous n'existons que dans le regard des autres. J'ai donc demandé à plusieurs personnes autour de moi comment elles me percevaient. Un enseignant et mon entraîneur de tennis de table m'ont répondu qu'ils me percevaient comme quelqu'un de combattif, d'ouvert et de souple. Selon eux, j'ai démontré ma combattivité lorsque...* ».

13 Quelle attitude adoptez-vous en cas de conflit dans un groupe ?

Même si les réponses sont libres, il est des questions dont il est permis de se dire que les jurys attendent préférentiellement une réponse donnée.

Vous êtes un dirigeant en puissance et considéré comme tel. Vous devez donc posséder certains des réflexes de vos futures fonctions. Vous vivrez forcément, dans votre future organisation, des conflits entre individus et serez contraint d'intervenir.

Au fond, la question vous est posée afin de déceler en vous des aptitudes à la prise de hauteur, à la conciliation et la prise de décision.

Première mesure à prendre : vous devez donc intervenir. Vous ne pouvez en effet pas laisser le conflit s'accroître ou dégénérer et avez vocation à séparer les combattants.

Dans un deuxième temps, vous devez chercher à connaître les thèses en présence et comprendre le point nodal du conflit.

Puis vous chercherez, sur la base des positions exprimées par les protagonistes et les informations complémentaires que vous vous serez procurées, vous chercherez à les rapprocher et, le cas échéant, arbitrerez entre les positions, en prenant la précaution d'expliquer pourquoi vous adoptez la position que vous adoptez.

14 Quel est le dernier livre que vous avez lu ? Quel est le dernier film que vous avez vu ? Quelle est la dernière pièce que vous avez vue ? Quelle est la dernière exposition à laquelle vous vous êtes rendu ?

Sauf si vous ne lisez jamais et n'allez jamais au cinéma, cette question n'est pas une question piège. Elle ne vise qu'à mieux vous connaître, en partant de l'adage selon lequel nous sommes ce que nous lisons ou, en d'autres termes, que notre consommation culturelle traduit et révèle nos goûts, donc notre personnalité.

Ceci dit, n'oubliez pas que les jurys s'attendent à rencontrer « d'honnêtes hommes ». Cette dimension s'apprécie notamment au travers de l'immersion dans l'actualité ainsi que par la curiosité dont les candidats font montre, dans leur consommation culturelle par exemple. Il s'agit donc de questions auxquelles vous avez des réponses…

Votre jury n'attend pour autant pas de réponse particulière à ce type de question. Vous n'êtes donc nullement contraint d'évoquer le dernier vainqueur du Festival de Cannes ni le roman à succès de la rentrée littéraire.

Il importe en revanche que vous preniez quelques précautions. Tout d'abord, tentez d'éviter les livres ou les films considérés, à tort ou à raison, comme peu sérieux. Souvenez-vous que votre jury va se faire, d'après votre réponse, une opinion sur vous. Vous avez bien sûr le droit d'adorer la bande dessinée ou les comédies légères. La question qui se pose à vous est de savoir si vous avez envie d'être perçu comme tel ou si vous préférez donner l'impression d'un étudiant plus « sérieux ». Privilégiez donc un livre ou film exprimant plus immédiatement « l'honnête homme » que vous êtes.

La deuxième précaution que vous prendrez consistera à choisir un livre que vous avez vraiment lu ou un film que vous avez vraiment vu ! N'excluez en effet surtout pas qu'un membre de votre jury puisse l'avoir lu ou vu et vous demande par exemple ce que vous pensez de la posture du héros dans telle ou telle circonstance, de la scène dans laquelle les personnages dînent ensemble…

Dans un troisième lieu, vous devez surtout vous focaliser sur les raisons vous ayant amené à choisir les œuvres que vous avez choisi. En quoi vous ont-elles intéressé ? Qu'en avez-vous retenu ? Que vous ont-elles permis de comprendre ?

Enfin, si vous le pouvez, choisissez un livre ou un film vous permettant de rebondir sur votre personnalité, votre projet, voire votre future école. Sans aller jusqu'à la présentation d'un héros intrépide et invincible (!), vous devez essayer d'établir des liens avec vous ou vos qualités ou, le cas échéant, votre projet professionnel.

« Mon film préféré est "Black Swan", de Darren Aronofsky. J'aime ce film parce qu'il est vraiment déroutant et qu'il me fait perdre pied à chaque fois que je le visionne. Au-delà de la perfection de l'image qui est incontestable, je trouve que le film fait chavirer le spectateur lorsque la schizophrénie gagne le personnage principal. Il est sublime et dérangeant. L'univers de la danse classique est un milieu que je connais pour avoir été danseuse moi-même. Natalie Portman est époustouflante dans

son interprétation. J'y ai perçu une forme de mise en abîme au sujet du travail d'interprétation de la danseuse avec son rôle de reine des cygnes et de Nathalie Portman dans son rôle d'actrice. Jusqu'à quel point entre-t-on dans son rôle ? Bref, c'est pour moi un chef d'œuvre. Vous savez, j'ai dans mon panthéon cinématographique, un certain nombre de films que j'aimerais partager avec les étudiants de votre école, en organisant des soirées ciné débat, en collaboration avec le Bureau des arts. ».

15 Étonnez-nous ! Surprenez-nous !

Fréquemment vécues comme très déstabilisantes, des questions de ce type ont une signification que vous devez au préalable identifier. Posées sans perversité, elles sont néanmoins suffisamment perturbantes pour vous amener à vous demander pourquoi elles vous sont posées.

Selon toute vraisemblance, l'administration de ces questions découle de l'impression que vous avez, au stade de l'entretien où elles vous sont posées, faite à votre jury. En effet, parce que vous avez donné l'impression d'une personnalité austère ou que votre trac vous a empêché de vous livrer et de vous dévoiler, le jury ressent alors le besoin de briser le voile vous protégeant.

Comme face à toute question déstabilisante, vous ne devez surtout pas montrer que vous êtes déstabilisé par la question. Prenez quelques secondes en regardant de façon pondérée tour à tour les membres de votre jury. Si vous y parvenez, vous avez d'ores et déjà marqué des points dans l'esprit de votre jury, en démontrant votre capacité à ne pas être déstabilisé.

Ceci dit, il va vous falloir néanmoins répondre. Si vous avez du culot, selon votre tempérament et votre personnalité, votre réponse pourra consister, à l'issue de l'échange de regards avec les membres de votre jury, à tout simplement répondre : « voilà », puis à regarder de nouveau patiemment les membres de votre jury en les laissant réagir et reprendre la parole. En toute logique, votre jury comprendra alors que vous avez cherché à l'étonner en faisant preuve d'audace et de laconisme et se félicitera de votre réaction. De plus le silence et l'échange de regards suivant votre « voilà » lui montrera que vous n'avez pas été désarçonné et que vous êtes parvenu à maintenir votre échange sur un mode égalitaire. Il passera à autre chose.

16 Faites-nous rire !

Classique, cette question n'en demeure pas moins une des questions les moins bien vécues par les candidats à qui elle est posée.

Là aussi, préalablement à votre réponse, vous devez vous demander pourquoi une telle question vous est posée. Vraisemblablement avez-vous donné l'impression d'un candidat trop sûr de lui, amenant alors votre jury à vouloir vous rudoyer quelque peu. Dans certains autres cas, les étudiants se voyant administrer cette question ont présenté une personnalité renfermée et austère.

Face à cette question, comme face à toute question de nature déstabilisante, prenez quelques secondes avant de répondre. Ce laps de temps, même court, pendant lequel vous garderez le silence et regarderez vos interlocuteurs vous permettra de comprendre pourquoi la question vous est posée et comment vous allez y répondre. De plus, cette posture montrera aux membres de votre jury que vous ne vous laissez pas démonter par une question perturbante et demeurez bien d'aplomb.

Comme vous le savez, il n'y a rien de plus personnel que l'humour. Il n'est donc pas question pour vous d'envisager de raconter une blague ou une plaisanterie : vous risqueriez de tomber à côté ou d'indisposer un des membres de votre jury. De toute façon, convainquez-vous bien que votre jury n'attend d'ailleurs pas que vous vous orientez dans cette voie. La question a en effet pour but d'apprécier vos réactions face à l'inattendu ou au déroutant, bien plus que vous entendre reprendre à votre compte les saillies d'un humoriste.

Ceci dit, là aussi, il va vous falloir jouer le jeu et répondre. Si vous en avez la capacité, donc si, en d'autres termes, vous avez « des billes », vous pouvez élever le débat en vous demandant, entraînant ainsi votre auditoire dans votre réflexion, ce en quoi consiste le rire, à quelle fonction il obéit, quels en sont les principaux mécanismes déclencheurs. Ce faisant, vous prenez de la hauteur et, en vous appuyant sur Bergson, pouvez évoquer le rôle de soupape du rire.

Sinon, vous pouvez répondre, plus classiquement, que vous serez ravi de vous détendre avec vos interlocuteurs, mais que vous demeurez pour l'instant concentré sur votre objectif, qui est de réussir votre entretien, ou que, lorsque vous vous essayez à l'humour, cela tombe souvent à côté…

En tout état de cause, demeurez paisible. Si vous faites preuve d'agressivité, en faisant par exemple comprendre au jury que vous considérez cette question comme déplacée ou incongrue, il risque fort de vous rétorquer que, jusqu'à plus ample informé, c'est lui qui choisit le contenu et la direction donnée à votre entretien et que, de plus, vous perdez bien vite votre calme…

17 Quelle question n'auriez-vous pas voulu que l'on vous pose ?

De nouveau, votre jury n'attend pas tant que vous répondiez à la question que de constater quelles réactions elle engendre chez vous, comment vous vous y prenez pour la traiter, quels chemins vous empruntez et quelle démarche sous-tend votre réflexion.

Deux solutions de réponse s'offrent à vous, la classique et l'audacieuse. La réponse classique consistera à évoquer votre vie privée pour préciser que vous désirez la laisser en dehors de l'entretien. Par voie de conséquence, vous n'entendez pas que vos parents ou votre conjoint éventuel soient évoqués, ainsi que votre sexualité, vos idées politiques ou votre religion par exemple.

Une réponse plus audacieuse consistera à regarder posément le membre du jury et à répondre simplement : « *celle que vous venez de me poser* », puis à demeurer silencieux en attendant la question suivante. Si vous optez pour cette réponse, veillez à demeurer modeste et à ne pas adopter de posture triomphaliste donnant à penser que vous savez que votre réponse est habile…

18 Quelle note mettriez-vous à votre entretien ?

Encore une question relativement déstabilisante pour un candidat qui n'y a jamais vraiment réfléchi. C'est une question piège à laquelle vous ne pouvez apporter que des mauvaises réponses. Répondez 20/20 et vous serez jugé comme un candidat prétentieux. Répondez 10/20 et vous signerez vous-même votre échec. Ce n'est pas à vous de vous évaluer et il ne faut en aucun cas donner une note !

Nous vous conseillons de détourner le piège en revenant sur un point que vous avez oublié d'aborder ou qui mérite de plus amples explications. Vous pouvez décliner poliment ce cadeau empoisonné en précisant que l'on n'est jamais bon juge de soi-même. Puis, renouvelez vos motivations.

« Écoutez je ne préfère pas me prononcer à ce propos. Je pense en tout cas que cet entretien ne serait pas réussi si je sortais sans vous parler de ma passion pour la musique classique. Si vous me le permettez, j'aimerais vous dire quelques mots sur ma pratique du violoncelle [...] *».*

ou

« Je ne saurais me donner une note. J'espère en tout cas vous avoir fait part au mieux de mon envie d'intégrer XXX et surtout, j'espère que vous aurez accueilli favorablement mon projet professionnel. Si vous le désirez, je peux revenir sur un point de ma présentation sur lequel je suis passé trop rapidement. »

40 Entretiens

Qualités et défauts

« *Connais-toi toi-même* », disait Socrate. Vaste programme… auquel il va falloir pourtant vous atteler. Sous une forme ou sous une autre, la question vous sera vraisemblablement posée. Elle constitue en effet LA question pivot de la partie « personnalité » des entretiens d'admission. Délicate, cette question appelle pourtant de votre part une réponse.

Pour ce faire, vous devez prendre plusieurs précautions majeures.

- La **première** réside en le travail d'introspection auquel vous vous êtes adonné. Ce dernier vous a fourni le matériau nécessaire à votre réponse.

- **Deuxième précaution :** répondez franchement et directement. Si certains étudiants sont tentés par la réalisation d'une pirouette, comme « j'ai les qualités de mes défauts », ou « j'ai toutes les qualités sauf une : la modestie », ils ne s'exonèrent pourtant pas de la réponse à la question. De ce fait, une réponse commençant par « je vais vous parler d'une expérience qui permet de comprendre mes qualités et mes défauts » ne conviendra qu'à demi, dans la mesure où la question posée n'était pas celle appelant une réponse ainsi formulée. Pour la même raison, vous ne pouvez pas entamer votre propos par « les autres disent de moi que je suis… ». La question qui vous est posée, sous-entend que vous répondiez vous-même, donc en prenant la distance qu'affectionnent les jurys vis-à-vis de vous-même.

- **Troisième précaution :** commencez par évoquer vos défauts. Vous devez naturellement admettre leur existence, tout en veillant à trois choses.

  Dans un premier temps, choisissez vos défauts, vos limites ou vos faiblesses en connaissance de cause. En d'autres termes, évoquez des défauts secondaires dans l'optique de vos futures études, ou des qualités-défauts. Les qualités-défauts sont des caractéristiques de caractère ou de comportement dont l'excès peut devenir un défaut ou dont la perception peut varier en fonction du degré.

  Prenons l'exemple de l'impatience. Vouloir les choses et les attendre constitue une qualité en soi, dont l'outrance amènera à basculer dans l'excès, donc dans le défaut. Question de degré et de point de vue donc.

Dans un second temps, veillez à préciser, sans attendre la question, que vous en êtes conscient et que vous travaillez dessus, dites comment et à quels résultats vous êtes parvenu (ex. : timidité ↔ théâtre ; nervosité ↔ yoga/sophrologie).

Concernant vos qualités, la quatrième précaution que vous prendrez consistera à en évoquer en relation avec ce que vous savez être les attentes de vos interlocuteurs, tout en demeurant franc. Naturellement, si vous êtes par exemple animé de l'esprit d'équipe et de la volonté de faire avancer les projets auxquels vous participez, vous devez l'évoquer. Là aussi, n'hésitez pas à prendre des exemples, issus de vos expériences professionnelles ou associatives, venant appuyer et crédibiliser vos dires.

- **Dernière précaution :** vous devez donner l'impression d'improviser un tant soit peu. Si cette question, classique, est souvent préparée par les candidats, souvenez-vous que les jurys n'apprécient que fort modérément les discours appris et déglutis. À réciter une réponse apprise par cœur, vous courrez le risque de questions plus pointues, plus directes ou plus personnelles…

Liste de qualités à mentionner en entretien

Astucieux, attentionné, audacieux, chaleureux, curieux, débrouillard, déterminé, diplomate, énergique, engagé, jovial/gai, loyal, méthodique, organisé, pragmatique, sens des responsabilités, à l'écoute, rapide, fiable, rigoureux, sensible, tenace, drôle

ASTUCE Pour la question des qualités, évoquer une qualité qui vous sert au quotidien (ex. : débrouillard, énergique, méthodique), une qualité professionnelle (fiable, ponctuel, sens des responsabilités, rapide) puis une qualité d'ouverture (que les autres apprécient. Ex. : à l'écoute, chaleureux, loyal).

Liste de défauts à mentionner en entretien

Anxieux, capricieux, colérique, distrait, émotif, envahissant, excessif, impulsif, intransigeant, maladroit, nerveux, orgueilleux, râleur, susceptible, timide (manque de confiance)

ASTUCE Ne dites pas : « je suis quelqu'un de distrait » mais « je gagnerais à être plus concentré dans le cadre de mon travail personnel à la maison ». Ne dites pas non plus : « Je suis timide » mais « J'aimerais beaucoup avoir davantage confiance en moi ».

Notes personnelles

Notes personnelles

Notes personnelles

Notes personnelles

Notes personnelles

34/38, rue Camille-Pelletan – 92309 Levallois-Perret Cedex
Imprimerie Sepec numérique – 01960 Péronnas
Imprimé en France – 4e trimestre 2022

Service éditorial : Benjamin Dias Pereira, Deborah Lopez
Conception graphique : Dominique Papon

Dépôt légal à parution
ISBN 978-2-7590-5046-8

PEFC 10-31-3532